BIBLIOTHÈQUE
DE L'ÉCOLE
DES HAUTES ÉTUDES

PUBLIÉE SOUS LES AUSPICES

DU MINISTÈRE DE L'INSTRUCTION PUBLIQUE

SCIENCES HISTORIQUES ET PHILOLOGIQUES

CENT SOIXANTE-QUATRIÈME FASCICULE

ESSAI SUR LES RAPPORTS DE PASCAL II AVEC PHILIPPE Ier

PAR Bernard MONOD

LICENCIÉ ÈS LETTRES, ARCHIVISTE PALÉOGRAPHE
ÉLÈVE DIPLÔMÉ DE L'ÉCOLE DES HAUTES ÉTUDES

PARIS
LIBRAIRIE HONORÉ CHAMPION, ÉDITEUR
5, QUAI MALAQUAIS

—

Tous droits réservés

Sur l'avis de M. F. Lot, directeur-adjoint des conférences d'histoire, et de MM. J. Roy et M. Thévenin, commissaires responsables, le présent mémoire a valu à M. Bernard Monod le titre d'*élève diplômé de la Section d'histoire et de philologie de l'École pratique des Hautes Études*.

Paris, le 8 mai 1904.

Le directeur de la Conférence,
Signé : F. Lot.

Les Commissaires responsables,
Signé : J. Roy.
M. Thévenin.

Le Président de la Section,
Signé : G. Monod.

ESSAI

SUR

LES RAPPORTS DE PASCAL II

AVEC

PHILIPPE Ier

(1099 — 1108)

DONATION ALPHONSE PEYRAT

Ce volume a été publié avec l'aide du fonds spécial mis à la disposition de l'École pratique des Hautes Études par Madame la Marquise Arconati-Visconti en mémoire de son père Alphonse Peyrat.

MÂCON, PROTAT FRÈRES, IMPRIMEURS.

ESSAI

SUR LES

RAPPORTS DE PASCAL II

AVEC

PHILIPPE IER

(1099 — 1108)

PAR

BERNARD MONOD

LICENCIÉ ÈS LETTRES, ARCHIVISTE PALÉOGRAPHE
ÉLÈVE DIPLÔMÉ DE L'ÉCOLE DES HAUTES ÉTUDES

PARIS

LIBRAIRIE HONORÉ CHAMPION, ÉDITEUR

5, QUAI MALAQUAIS

—

1907

Cet ouvrage forme le fascicule 164ᵉ de la Bibliothèque de l'École des Hautes Études.

AVANT-PROPOS

L'auteur de cette thèse est mort sans avoir pu la revoir, la compléter et la corriger, comme il avait l'intention de le faire, avant de la livrer à l'impression. Il était même si préoccupé des imperfections de son travail qu'il avait exprimé le désir que les œuvres qu'il laissait manuscrites fussent détruites, s'il ne revenait pas à la santé. Je n'ai pas cru devoir déférer à ce désir, ni pour sa thèse ni pour son livre sur *Guibert de Nogent*. J'ai pensé qu'un si grand labeur ne devait pas être perdu, et que la publication de ces deux ouvrages pouvait rendre service à la science, tout en perpétuant la mémoire d'un jeune historien qui, sans proportionner suffisamment son effort à ses forces, avait, avec une généreuse imprudence, entrepris et mené à bien, en deux ans, cette double tâche. Quelques jours après avoir remis sa thèse à ses maîtres de l'École des Hautes Études, Bernard Monod contracta, dans une excursion en Belgique, une pleurésie qui engendra, dans son organisme surmené, la maladie de poitrine dont il est mort, après neuf mois de souffrances, le 6 janvier 1905.

Le *Guibert de Nogent* put être publié à peu près tel que Bernard Monod l'avait laissé. Je n'ai eu qu'à supprimer quelques répétitions et à corriger quelques négligences. Il n'en a pas été tout à fait de même pour la thèse sur Pascal II. Telle qu'elle a été remise à l'École des Hautes Études et telle qu'elle a mérité à son auteur le titre d'élève diplômé de cette école, elle se composait de trois parties, l'histoire des relations de Pascal II avec Philippe Ier, un essai sur l'organisation de l'Église de France et ses relations avec Pascal II et Philippe Ier, et enfin l'histoire des relations de Pascal II avec Louis VI. La composition de l'ouvrage offrait une assez grave imperfection, puisque l'essai sur l'organisation de l'Église de France ne s'appliquait, du moins en ce qui concernait les dates et les faits allégués, qu'à la première des périodes étudiées dans la thèse. De plus, la troisième partie de la thèse, relative au règne de Louis VI, était à la fois moins neuve et moins approfondie que les deux autres. M. Luchaire, dans ses *Annales du règne de Louis VI*, avait déjà touché la plupart des points examinés par Bernard Monod. Je me suis décidé, après avoir pris l'avis de deux de mes anciens élèves, condisciples de mon fils, et membres tous deux de cette École de Rome qui était le but de ses ambitions, M. Martin-Chabot et M. Louis Halphen, à ne publier qu'une partie de la thèse, celle qui avait été présentée, sous sa première forme, à l'École des Chartes, et qui avait valu à son auteur le diplôme d'archiviste paléographe et les éloges unanimes du jury d'examen.

MM. Martin-Chabot et Halphen ont, avec un dévouement affectueux dont je leur suis profondément reconnaissant, soumis le travail de Bernard Monod à une revision minutieuse, de façon à répondre aux scrupules qui inspiraient à leur ami la crainte de voir paraître son œuvre sans les corrections nécessaires. M. Halphen a de plus surveillé jusqu'au bout l'impression de ce volume après avoir fait subir au texte quelques remaniements indispensables [1].

N'ayant pas voulu nous substituer à l'auteur, notre travail de correction a surtout consisté à supprimer ce qui nous a paru inutile ou contestable, des pages de polémique contre les théories de M. Luchaire ou de M. Imbart de La Tour, ou des développements sur le caractère des personnages, qui ne manquent ni d'intérêt ni de piquant, mais où il entre trop d'éléments d'appréciation subjective pour que nous ayons cru pouvoir, soit les conserver tels qu'ils ont été écrits, soit les modifier. Nous avons aussi supprimé les appendices et les pièces justificatives assez nombreuses que

---

1. C'est à un autre des condisciples de Bernard Monod, à M. Boutillier du Retail, qu'est dû l'index qui termine le volume. Qu'il reçoive ici tous mes remerciements.

Bernard Monod avait jointes à sa thèse. Elles avaient été recueillies par lui dans les collections Baluze, Moreau, Decamps, de Picardie et de Touraine de la Bibliothèque Nationale, dans des manuscrits des Archives nationales (LL. II 16) et de la Bibliothèque Ste-Geneviève (356) et dans les cartulaires de la Bibliothèque Nationale. On trouvera, au cours de la thèse, des renvois à ces documents inédits. Nous n'avons pas cru devoir en publier le texte. Pour les éditer avec le soin nécessaire, il aurait fallu retarder de beaucoup la publication de l'ouvrage, sans que son intérêt et son utilité en fussent sensiblement accrus.

Nous n'avons pas jugé non plus qu'il fût nécessaire de donner une bibliographie des sources et des ouvrages consultés. Elle n'aurait rien ajouté à ce que fournissent les notes de la thèse. Les sources narratives très nombreuses, où Bernard Monod a glané des renseignements sur les relations de Pascal II et Philippe Ier, se trouvent presque toutes réunies dans les t. XIII, XIV et XV du *Recueil des historiens des Gaules et de la France* et quelques-unes dans les *Monumenta Germaniae historica*. C'est dans la *Patrologie latine* de Migne qu'il a consulté les nombreuses lettres dont il a fait usage, en particulier les lettres d'Ive de Chartres, une des plus importantes parmi les sources dont il a eu à faire usage. Les renvois aux lettres, bulles et privilèges de Pascal II s'appliquent presque tous au *Regesta Pontificum* de Jaffé, édition Lœwenfeld, Kaltenbrunner et Ewald (Leipzig, 1885-1888, 2 v.) ; mais les textes in extenso se trouvent dans le t. CLXIII de la *Patrologie* de Migne et dans les recueils de J. von Pflugk-Harttung, *Acta Pontificum romanorum inedita* (Tubingen, 1881, et Stuttgart, 1884-85, 3 vol.), et G. Lœwenfeld, *Epistolae Pontificum romanorum ineditae* (Leipzig, 1885). Les actes des conciles ont été étudiés dans le recueil de Mansi.

Bernard Monod ne trouvait presque aucune aide pour l'étude des sujets qu'il avait choisi, en dehors des ouvrages généraux tels que les *Annales* de Baronius, l'*Histoire des conciles* de Hefele, les diverses histoires de l'Église, *La Cour de Rome et l'esprit de réforme avant Luther* de M. Rocquain, l'*Histoire de France* dirigée par E. Lavisse, et, pour les institutions ecclésias-

tiques, les deux ouvrages de Luchaire sur les institutions de la
France à l'époque capétienne, l'*Ancienne et nouvelle discipline de
l'Église* de Thomassin, le *System des katholischen Kirchenrechts*
de Hinschius, les *Élections épiscopales du IXe au XIIe siècle* d'Imbart de La Tour. La dissertation de Franz sur *Pascal II* (Breslau,
1877) ne traite que de la politique allemande du Pape. Les essais
de Compain sur *Geoffroi de Vendôme* (Paris, 1891), de Lühe sur
Hugue de Die (Breslau, 1898), de Gigalski sur *Bruno de Segni*
(Münster, 1898), la dissertation d'Esmein sur *Ive de Chartres et
les Investitures* (Paris, 1889), ne lui fournissaient de renseignements que sur des points de détail. Aussi sa thèse nous
paraît-elle une contribution importante et originale à l'histoire
des relations de l'Église et de l'État en France, de la querelle des
investitures et des origines de l'Église gallicane.

Bernard Monod, qui apportait à l'étude de l'histoire cette
curiosité ardente, ce sens et ce goût de la vie, qui était un des
traits les plus caractéristiques et les plus séduisants de sa nature,
n'avait pas conçu son travail comme une simple étude critique
de textes et de faits ; il lui avait donné une portée générale en
cherchant ce que les relations de Pascal II avec Philippe Ier nous
apprenaient sur la situation de l'Église de France vis-à-vis de la
royauté et du Saint-Siège et sur le développement des idées galli-
canes ; en même temps il avait tenté, avec une ingéniosité parfois téméraire, de discerner le vrai caractère et les intentions
politiques des deux personnages qu'il mettait en présence.

M. Labande, dans un article de la *Revue critique* (LIX, 327)
sur l'essai de Bernard Monod relatif à l'*Élection épiscopale de
Beauvais de 1100 à 1104* (voy. plus bas, p. 27 ss. et 74 ss.) lui a
reproché d'avoir vu une lutte de principes opposés dans ce qui
n'était qu'un conflit de pouvoirs. Cette critique serait justifiée si
Bernard Monod avait prétendu que les actes de Pascal II et de
Philippe Ier s'appuyaient sur des droits précis et formulés ; mais
il n'en est pas moins vrai que chacun des deux antagonistes agissait
au nom de l'autorité qu'il prétendait avoir le droit d'exercer
sur les élections épiscopales. C'est de ces conflits de pouvoirs
que devait sortir peu après toute une série de conceptions juri-

diques sur les relations de l'Église et de l'État, conceptions
d'ailleurs différentes à Rome et à Paris, et qui ne s'accordèrent
que par des compromis concordataires. Il est bien difficile, du
reste, au moyen âge, de distinguer le fait du droit : c'est de la
répétition des mêmes faits, de la persistance des mêmes prétentions, que naît peu à peu la conception et l'affirmation de principes théoriques sur lesquels les pouvoirs font reposer leurs
droits. Je ne pense pas que Bernard Monod ait eu tort de
penser que les conflits entre Pascal II et Philippe Ier mettent en
présence des conceptions différentes des droits de l'Église et de
ceux de l'État, et que le règne de Philippe Ier marque une étape
dans la formation de cette Église gallicane qu'on voit naître dès
le temps de Hugue Capet, et qui réalisera une forme si particulière d'alliance entre l'épiscopat national et la Royauté.

Au cours de son travail, Bernard Monod s'était épris d'une
sorte de sympathie pour Pascal II et Philippe Ier. Ils lui avaient paru
supérieurs à l'idée que les historiens avaient généralement donnée de l'un et de l'autre. Pascal II, dans sa politique française, ne
lui avait pas semblé un homme faible et indécis, prêt à sacrifier
les intérêts et les droits de l'Église aux prétentions et à la violence des princes, mais un politique habile et ami de la paix,
effrayé des malheurs que l'intransigeance d'Urbain II et de
Grégoire VII avaient amenés pour la chrétienté, et qui poursuivait
en France une politique de transaction et d'accord qui lui
permettrait d'y trouver un point d'appui contre l'Empire.
Quant à Philippe, qu'on représente souvent comme exclusivement dominé dans sa conduite par sa passion pour Bertrade d'Anjou, Bernard Monod a cru trouver en lui un souverain énergique, pénétré, comme tous les Capétiens, des
droits de sa couronne, décidé à s'assurer par ses bienfaits de la
fidélité d'un épiscopat disposé à le servir, résistant à l'ingérence
pontificale dans les affaires intérieures du royaume, mais désireux
cependant de trouver un terrain d'entente avec le pape. Il avait
reconnu combien il est difficile de se faire un portrait de Philippe
d'après les témoignages des historiens contemporains. Les uns
font de lui un éloge démesuré. Hugue de Fleury le traite de

clementissimus ; la chronique de Morigny loue « son admirable prudence et l'élévation de son esprit ». La chronique de Sainte-Colombe de Sens va jusqu'à dire qu'il était « l'espoir et la consolation des moines et des clercs ». Par contre, Orderic Vital insiste sur sa gloutonnerie et ses débauches. Il en est de même de Henri de Huntingdon et de Guillaume de Malmesbury. Celui-ci nous le représente « consacré à son ventre plus qu'à ses affaires » — « libidine gravis, specie lusus, illicitis ardoribus defœneratus ». Hugue de Flavigny le traite avec plus de modération, mais pourtant avec sévérité ; mais il est aussi dur pour la vénalité de la Cour romaine que pour l'avidité de Philippe, dont Guibert de Nogent et le biographe d'Arnulf de Sens parlent aussi avec indignation. Toutefois Bernard Monod a pensé qu'en examinant de près les actes de Philippe Ier, et en prenant pour guide Ive de Chartres, qui, dans ses lettres, apprécie à chaque instant la conduite du roi, on reconnaît dans cette conduite plus de réflexion et de sagesse qu'on ne lui en attribue d'ordinaire.

C'est sous Louis VI, d'après Bernard Monod, qu'on peut se rendre compte des heureux effets de la politique conciliante et sensée de Pascal II. C'est pour cela qu'il avait cru nécessaire de faire suivre l'histoire des relations de Pascal II avec Philippe Ier de celles de ses relations avec Louis VI. Voici en quels termes il les appréciait :

« Pendant ces dix années (1108-1118), Pascal dut souvent, au milieu des troubles et des angoisses que lui faisaient éprouver les impériaux, se féliciter de la politique de paix qu'il avait favorisée sous Philippe et de l'alliance qu'il avait conclue avec lui. Grâce à elle, il trouvait en son successeur Louis VI un ami beaucoup plus qu'un rival, un roi dévoué à la fois à son clergé et au Saint-Siège ; il ne cherchera pas à contrecarrer son activité sur le clergé français, le laissera développer son influence royale dans toutes les affaires de justice et de juridiction ecclésiastiques, cèdera même à ses observations et renoncera à séparer les diocèses de Tournai et Noyon, parce que cela affaiblirait son pouvoir ; et le roi, de son côté, mettra dans ses rapports avec le Saint-Siège et l'Église le même esprit de modération et de conci-

liation : il s'incline devant le pape et accepte les élections épiscopales de Reims et d'Auxerre, il prend part à un concile où le légat
pontifical excommunie l'empereur ; il trouve même son profit dans
cette condescendance à l'égard du Saint-Siège, puisqu'il se sert
des légats pontificaux pour lutter contre ses ennemis, qu'il fait
excommunier par eux. Tout le monde y trouve son profit ; les élections épiscopales ne sont plus troublées, et dix évêques sont élus,
investis et consacrés régulièrement, canoniquement, sans incidents. La piété du roi le pousse à favoriser certaines abbayes,
à leur faire de riches donations, à en créer de nouvelles.

« Cet état de choses est d'autant plus remarquable que si une
animosité personnelle, ou simplement une rivalité d'influence,
avait existé entre ces deux souverains, le pape et le roi de France,
nul doute que le roi n'eût profité de l'affaiblissement, de l'écrase-
ment même que subit le souverain pontife en 1111. Ce fut le
contraire qui se produisit : loin de s'associer à la conduite de
Henri V, la France tout entière protesta contre lui, et si une partie
du clergé alla jusqu'à juger sévèrement le pape, c'était par excès
de zèle catholique. On peut facilement supposer ce qui serait
arrivé si, entre Pascal et la France, les relations avaient été aussi
tendues qu'entre Urbain II et Philippe Ier. La renonciation
que fit Louis VI de ses prétentions au moment de l'élection épiscopale d'Auxerre, après les événements de 1111-1112, est la meilleure preuve de l'appui moral donné par le roi de France au pape
au milieu des difficultés que celui-ci traversait.

« Et c'est précisément là le grand mérite de Pascal, d'avoir
pu pacifiquement régler en France la question des investitures,
de l'avoir réduite à son importance réelle, de l'avoir subordonnée
en somme et au bien de l'Église et à la grandeur de la monarchie
capétienne. »

Nous n'avons pas cru devoir conserver à l'œuvre de Bernard
Monod toute l'ampleur qu'elle avait prise sous sa plume. Il
avait reconnu lui-même qu'elle avait besoin d'une sévère revision
avant d'être livrée au public. Nous avons cru répondre à sa
pensée en n'en publiant que ce qui nous a paru tout à fait
solide au point de vue critique et nouveau, tant au point de vue

des recherches qu'à celui de l'exposition des faits. Nous avons
élagué dans son œuvre ce qui nous paraissait superflu ou contestable ; nous ne nous sommes pas permis d'y rien ajouter[1]. Telle
qu'elle est, cette œuvre nous a semblé neuve et utile, digne du
jeune savant qui nous avait fait concevoir pour lui de si belles
espérances d'avenir, et des deux écoles dans lesquelles il s'était
formé.

Gabriel MONOD.

1. Pour les actes de Philippe Ier, nous avons renvoyé au *Recueil des actes
de Philippe Ier* que M. Prou doit prochainement faire paraître dans la collection des *Chartes et diplômes* publiée par l'Académie des inscriptions et
belles-lettres ; mais il importe de noter que Bernard Monod n'a pu avoir
communication de ce volume.

PRÉFACE

...Je n'ai pas voulu confiner mon travail dans une étude des
rapports entre le pape et le roi ; j'en ai fait l'objet de la
première partie de ma thèse, mais il m'a semblé nécessaire
d'étudier aussi l'action du pape sur le clergé français,
même dans les affaires dans lesquelles la royauté n'est pas
intervenue. Pour faire comprendre cette action, et d'autre
part pour éclairer la politique du roi vis-à-vis du Saint-
Siège, j'ai dû m'occuper aussi de la politique religieuse de
Philippe Ier en France, même en dehors de l'action de Pascal II. Enfin il eût été difficile de se rendre compte du rôle
joué par la papauté ou la royauté sur le clergé français,
sans connaître exactement l'état de celui-ci, et les rapports
qui unissaient les séculiers aux réguliers ; de là bien des
pages qui pourraient être considérées comme des digres-
sions, mais qui étaient comme les préliminaires indispensables de la question elle-même.

Je me suis tenu d'une part à n'étudier que les affaires
religieuses auxquelles étaient mêlés le pape ou le roi
et le clergé *français*, c'est-à-dire le clergé dépendant directement de la couronne ou parfois de ses vassaux immé-
diats, le clergé sur lequel le roi de France pouvait avoir
des droits ou de l'influence. Si j'ai mentionné de temps à
autre des affaires concernant des évêchés ou des abbayes
sis en dehors de ce territoire, du royaume de France proprement dit, c'est que ces affaires, nées en domaine non
royal (en Languedoc par exemple), pouvaient servir à expli-

quer l'attitude du pape vis-à-vis du clergé français, en des
circonstances qui n'avaient pas eu l'occasion de se produire
pendant les neuf années 1099 à 1108, et sur le territoire dans
lequel se circonscrivait notre étude. La délimitation était
souvent délicate, tel évêché sis en terre non française dépendant d'un métropolitain qui dépendait lui-même du roi de
France, par exemple; et le roi pouvant, dans ce cas, exercer
son influence sur cet évêché par l'entremise de ce métropolitain ; ou, telle abbaye sise en terre vassale du roi de
France dépendant immédiatement du roi considéré comme
roi-abbé.

Ce n'est donc qu'incidemment que nous mentionnerons
des événements relatifs au clergé non français (Flandre,
Anjou, Bourgogne, Midi...), soit pour éclairer la politique
pontificale, soit surtout pour fixer la nature des rapports
existant entre l'épiscopat et le clergé régulier.

D'autre part, tout en nous tenant, pour le développement
de notre thèse, aux personnes et aux établissements ecclésiastiques qui, pendant cette période, ont été en relations
directes ou indirectes avec la papauté ou le roi, nous avons
dû parfois faire intervenir les autres, lorsqu'il fallait établir
par des exemples nombreux et variés le fonctionnement de
telle institution religieuse ou l'organisation de telle coutume canonique.

Il était impossible de prétendre faire une histoire complète. L'abondance de textes analogues rendait inutile de
les citer tous ; et nous ne pouvions d'ailleurs songer à faire la
critique interne et externe de chaque texte cité : ce travail
considérable n'aurait été d'aucun profit au point de vue
de notre thèse, car il suffit que tel texte ait été considéré comme authentique au xiie siècle, pour que les conclusions que nous tirons de sa teneur eussent toute leur
valeur.

INTRODUCTION

Les relations du pape Pascal II avec la France n'ont
pas encore été l'objet d'une étude spéciale. Nous avons
pensé qu'il était utile de l'entreprendre, car le pape Pascal II, chez qui la finesse politique s'alliait à l'esprit de mansuétude et de charité, pacifia pour un temps les conflits qui,
depuis Léon IX, n'avaient cessé de se produire entre le pouvoir royal et le pouvoir pontifical.

Il n'y avait pas, entre le roi de France et le pape, une
lutte ouverte et acharnée comme celle qui avait éclaté entre
les papes et les empereurs ; mais, en France comme en
Allemagne, la papauté avait voulu, sous Grégoire VII et
Urbain II, devenir l'absolue maîtresse des élections épiscopales et de l'administration de l'Église de France, établir
nettement la prépondérance de la théocratie romaine sur
le pouvoir temporel des rois. Le roi de France, de son côté,
uni depuis Hugue Capet aux prélats par les liens étroits de
services rendus et d'intérêts communs, investi aux yeux
du clergé lui-même d'un caractère sacré et d'une autorité
quasi religieuse, prétendait conserver un droit d'intervention et de surveillance dans le recrutement du clergé séculier et régulier comme dans l'administration des diocèses et
des monastères.

Il n'était pas aisé de trouver un moyen pour sauvegarder
les droits du chef de l'Église, tout en respectant les droits
de l'État. C'est cependant ce que tenta Pascal II et à quoi il
réussit en partie.

La cause profonde du conflit entre les deux pouvoirs avait été l'œuvre même de réforme poursuivie par les papes depuis Léon IX. Pour que cette œuvre pût aboutir, il ne leur avait pas suffi de combattre par des mesures de détail les mauvaises mœurs, la simonie et l'hérésie ; à partir de Grégoire VII surtout, ils avaient compris qu'ils ne parviendraient point à leurs fins tant qu'ils ne se seraient pas assurés de l'épiscopat en le rendant indépendant du pouvoir laïque.

Ainsi, insensiblement, du terrain moral et religieux, la papauté se trouva passer sur le terrain politique. Soustraire l'épiscopat à l'action du pouvoir royal, c'était en fait s'attaquer non pas à un abus, mais à une institution inhérente au régime social du xie siècle. L'usage était, en effet, que les évêques du royaume de France reçussent du roi leur territoire épiscopal avec les droits qui y étaient attachés : c'était l'application du principe, alors général, de l'investiture du vassal par son seigneur. La situation, analogue pour les abbés, et qui impliquait une certaine participation du roi dans le choix du nouvel élu, avait été tolérée par les prédécesseurs de Grégoire VII et le fut même par ce dernier au début de son pontificat[1]. Mais le conflit était inévitable. Le trafic fait par Philippe Ier des bénéfices ecclésiastiques, l'intervention souvent néfaste du roi dans les élections épiscopales, la simonie érigée à la hauteur d'une institution, avaient fait comprendre au pape qu'il ne pouvait combattre utilement les abus qu'en s'attaquant à la puissance qui les favorisait parce qu'elle en profitait : le roi. Ce faisant, il outrepassait ses pouvoirs et portait atteinte aux droits éminents du souverain et du suzerain sur son clergé, en même temps qu'à l'indépendance de l'Église des Gaules. Philippe, qu'il considérait comme déchu de son

---

1. Cf. Delarc, *Saint Grégoire VII et la réforme de l'Église au XIe siècle*, Paris, 1889, 3 vol. in-8, t. III, chap. xvii.

autorité sur l'Église, de son rôle de père des fidèles et de
protecteur du clergé, gardait encore dans ce clergé tout un
parti prêt à le soutenir. Mais Grégoire se sentait fort ; la
partie était belle et valait la peine d'être jouée [1].

Deux groupes existaient alors dans le camp des réformateurs. Les uns, avec Pierre Damien, voulaient que la
papauté se tînt sur le terrain purement religieux, n'usât
que des armes spirituelles et restât pure de toute compro-
mission politique ; les autres, avec Didier du Mont-Cassin et
son ami Alfanus, croyaient que la papauté ne pouvait
accomplir son œuvre qu'en opposant puissance à puissance,
qu'en opposant aux théories juridiques de l'empire ou de la
royauté d'autres théories, qui auraient à leur service l'arme
de l'excommunication et de l'interdit. Qui oserait dire que
Grégoire se trompait, qu'il eût été possible de faire triompher la réforme sans porter la lutte sur le terrain politique,
sans accepter de compromissions ? Sans doute, par cela
même que la papauté faisait de la théocratie pontificale un
gouvernement, elle ouvrait fatalement la porte à tous les
abus, et surtout elle se créait des besoins d'argent qui
devaient avoir de funestes conséquences. Les papes vont
devenir des rois, des juges, des légistes. Mais l'œuvre qu'ils
accompliront n'en sera pas moins bienfaisante pendant un
temps pour le progrès moral, intellectuel et social.

On a pu soutenir, non sans quelque apparence de raison, que Grégoire n'avait rien innové, qu'il n'avait fait que
maintenir avec plus d'énergie que ses prédécesseurs les
principes éternels de l'Église. C'est en effet la force de
l'Église de s'être toujours tenue fermement aux principes
traditionnels et d'avoir cherché à appuyer toutes ses prétentions sur des précédents et des textes : Grégoire, plus

---

1. Pour la politique de Grégoire VII en France, voir notamment l'ouvrage
déjà cité de l'abbé Delarc et W. Martens, *Gregor VII, sein Leben und
Wirken*, Leipzig, 1894, 2 vol. in-8.

que tout autre, a été imbu de cet esprit traditionaliste ; et
dans son œuvre proprement religieuse, il a été plus qu'un
autre fidèle à la tradition. Il n'a point touché au dogme ;
ses doctrines sur la simonie et le mariage des prêtres étaient
en vigueur dans l'Église d'Occident depuis le ɪᴠᵉ siècle.
Quant à la hiérarchie, on ne saurait dire qu'il a voulu
dépouiller les églises du droit d'élection pour y substituer
la nomination par le Saint-Siège. Il a, au contraire, travaillé
partout à rendre aux églises la liberté des élections, à supprimer l'intervention du pouvoir civil ; et s'il est lui-même
intervenu sans cesse pour présenter des candidats, pour
casser des élections, et substituer aux élus des évêques de
son choix, c'est parce que les élections n'avaient point été,
d'après lui, conformes aux règles canoniques : il entendait, du moins dans les débuts, non point se substituer aux
électeurs, mais faire procéder à une nouvelle élection. Enfin
l'action personnelle qu'il exerça en dehors des conciles,
directement ou en faisant appliquer par ses légats le droit
de déposition, n'est pas, à proprement parler, une innova-
tion : la primauté de juridiction était reconnue depuis longtemps au pape, et aucun canon ne lui imposait de n'exercer
cette juridiction que dans les conciles. On ne peut donc
pas dire qu'il ait rien modifié en principe à la constitution
de l'Église. Et pourtant, dans cette lutte même pour la
réforme suivant la tradition, il innova, sinon en théorie, du
moins en action.

En effet, il a exercé ses droits avec infiniment plus de
rigueur et de persévérance qu'aucun de ses prédécesseurs,
et par là il a rendu la suprématie du Saint-Siège plus effi-
cace qu'elle n'avait jamais été. Les dépositions d'évêques,
qui jusqu'alors avaient été des faits rares, exceptionnels,
entourés de toutes sortes de précautions et de lenteurs,
devinrent des faits fréquents, exécutés avec une prompti-
tude et parfois même une légèreté telles, que le pape dut

souvent revenir sur les décisions prises par ses légats ou
par lui-même, et que la révocation finit par n'être plus
guère qu'une forme de l'avertissement. Il innova encore
quand il nomma directement aux évêchés de Dol (1076) et
de Narbonne (1080), et quand, par un décret rendu en 1080,
il déclara qu'en cas d'élection viciée, le droit de nomination
devait appartenir au métropolitain ou au Saint-Siège. Enfin,
en cette même année 1080, il prit une mesure qui porta
une atteinte profonde à l'organisation ecclésiastique de
France : non seulement il déposa l'archevêque de Reims
Manassès, mais il accorda la primatie sur les provinces de
Lyon, Tours, Sens et Rouen à l'archevêque de Lyon, qui
relevait de l'empire.

Ainsi désormais la papauté a la prétention, non plus
seulement d'être une juridiction suprême, à laquelle on
peut recourir si on est lésé, l'organe central de l'Église
pour régler les questions d'intérêt général, la norme de la
discipline et de la foi à laquelle tous les fidèles doivent se
sentir unis ; elle veut être une monarchie dont le chef doit
avoir l'œil et la main partout, doit tout connaître, tout surveiller, tout diriger, et dont l'autorité doit être immédiatement obéie, par les laïques comme par les clercs. En matière
ecclésiastique, au lieu d'une juridiction d'appel, la papauté
devient un pouvoir directeur et initiateur [1].

Mais c'est surtout en ce qui touche les rapports du pouvoir spirituel avec le pouvoir temporel que Grégoire a véritablement innové : à la théorie de l'union des deux pouvoirs,
il a substitué celle de la domination absolue du spirituel.
Pour cela, il n'a pas hésité à ruiner toutes les doctrines,
jusque-là acceptées, du droit divin des rois, de l'élection

---

1. On s'en rend facilement compte en parcourant les 27 propositions
intitulées *Dictatus papae*, dans lesquelles on trouve la théorie complète de
l'omnipotence pontificale. Ce n'est d'ailleurs point là une œuvre personnelle
de Grégoire.

d'une race par Dieu même, de la sainteté des victoires militaires comme manifestation de la faveur divine. A l'entendre,
l'origine de la royauté, c'est l'usurpation et le crime [1]. Et il
accuse les princes d'être égarés par un amour charnel, lorsqu'ils veulent placer leurs fils sur le trône, bien que d'autres
soient meilleurs et plus utiles. Quand il déclare qu'un simple
exorciste, et à plus forte raison les prêtres, sont supérieurs
en dignité aux rois ; que ceux-ci sont justiciables du dernier
des clercs ; que, puisque Dieu a donné à Pierre le pouvoir
de lier et de délier, le pape non seulement n'est pas tenu
par ses propres engagements, mais encore peut délier les
laïques des serments qu'ils ont prêtés ; quand il va jusqu'à revendiquer pour la papauté un droit éminent de
suzeraineté sur l'Europe tout entière, on pourrait, s'il n'avait
combattu avant tout pour réaliser le royaume de Dieu
sur la terre, le considérer comme atteint de la folie des
grandeurs. Mais la grandeur qu'il édifiait alors était celle
de l'Église ; quand il menaçait Philippe Ier de l'excommunication, quand il humiliait l'empereur à Canossa, quand il
réglait comme arbitre les conflits entre les monarques, il
pouvait être à bon droit considéré comme le fondateur de
la théocratie.

On comprend dès lors comment ce mouvement réformateur, qui, à l'origine, n'avait eu d'autre objet que de purifier l'Église, s'est changé en lutte, presque en guerre pour la
puissance ; comment ce pape, aidé par des légats tels que
Hugue de Die, se permit de traiter avec le roi non pas seu-

---

1. « Quis nesciat reges et duces habuisse principium ab eis qui, Deum
ignorantes, superbia, rapinis, perfidia, homicidiis, postremo universis poene
sceleribus, mundi principe, diabolo videlicet, agitante, super pares, scilicet
homines, dominari coeca cupidine et intolerabili praesumptione affectave-
runt ? » Lettre à Hermann, évêque de Metz (Migne, *Patrol. lat.*, t. CXLVIII,
col. 596). Nous citons ici cette lettre, bien qu'elle ne se rapporte pas à la
France, pour faire comprendre la nature de l'action de Grégoire VII
dans ce triomphe de la théocratie.

lement d'égal à égal, mais de supérieur à inférieur ; comment la lutte contre la simonie, transformée en querelle des investitures, devint une arme qui devait déposséder le roi de ses pouvoirs sur son clergé pour en faire bénéficier le Saint-Siège. Les moyens employés — les dépositions d'évêques — blessaient directement le souverain dont ceux-ci étaient les vassaux ; le résultat devait être un affaiblissement du pouvoir royal au profit de la théocratie pontificale. Et dès lors, le rôle du roi simoniaque, défendant en fait ses intérêts lésés par la réforme, son budget presque, puisque la vente des bénéfices ecclésiastiques constituait une bonne part de son revenu, prend une singulière grandeur. Car, ce n'est pas la simonie dont il semble prendre la défense en s'opposant à la réforme ; c'est son pouvoir même de souverain et de suzerain que le pape entame, c'est son autorité de roi sur le clergé de son royaume, c'est l'indépendance même de ce clergé.

Grégoire VII ne s'attaque pas encore directement à la personne royale ; le roi n'affirme pas encore une opposition systématique à la réforme ; mais, vienne un pape qui n'aura pas le même tact que Grégoire, et la rupture sera définitivement consommée. Ce fut l'œuvre d'Urbain II.

Menacé dans Rome même, obligé de tenir tête à une redoutable opposition, Urbain II ne craignit pas de recourir aux moyens extrêmes. Non content de s'opposer aux envahissements du pouvoir royal sur le terrain religieux, il n'hésita plus à poursuivre Philippe Ier dans sa vie privée et à l'accabler d'excommunications. Et dans son œuvre même de réforme, ce fut au roi encore plus qu'aux évêques qu'il s'en prit : la question des investitures prima désormais la question morale. Les canons 15 et 16 du concile de Clermont sont formels : interdiction aux clercs de recevoir des bénéfices de la main d'un laïque ; interdiction aux rois et aux princes de donner l'investiture des *honores* ecclésiasliques. La tactique d'Urbain II, dans cette campagne de réforme, est celle d'un homme de guerre : il met les uns à son service pour lutter contre les autres. Ancien moine de Cluny, il avait trouvé dans le personnel du clergé régulier exempt l'aide la plus active pour son propre salut (Geoffroi de Vendôme) et pour le salut de la cause réformatrice (Hugue de Cluny) : c'est aux moines qu'il s'adressera donc pour consolider l'œuvre de ses prédécesseurs. Il les avantage aux dépens de leurs rivaux, les chanoines [1], aux dépens de l'autorité qu'exerçaient sur eux leurs supérieurs naturels, les évêques diocésains, et pour le plus grand profit de la papauté à laquelle il les rattache directement. Au lieu de réformer l'épiscopat, il l'affaiblissait ; le monachisme réformateur se développait, au contraire, en même temps que le monachisme exempt ; chartreux, cisterciens, filiales de Cluny, partout les moines étendent leur influence et leur domination aux dépens du clergé séculier, plus rebelle à la réforme, parce que plus dépendant de la royauté et du pouvoir civil. Les tendances des deux clergés étaient exactement contraires : le clergé séculier gallican tirait sa force et sa grandeur de la monarchie, à laquelle il était attaché par son organisation même ; le clergé régulier (exception faite des abbayes royales) se sentait d'autant plus puissant qu'il ne relevait que de Rome.

Urbain II affirma cette dualité de tendance avec plus de force que jamais par toute sa politique religieuse. Mais c'était ainsi la guerre plus que la paix qu'il provoquait, et ce n'était pas par la guerre que la réforme, œuvre de pacification et de purification, pouvait s'accomplir.

Le successeur de ce redoutable politique, de cet éloquent remueur d'hommes, de ce théocrate intransigeant était clunisien comme lui et ancien cardinal de Grégoire VII. Mais

1. Cf. ci-dessous, p. 121 et suiv.

s'il avait les mêmes idées, il n'avait pas le même caractère. C'était un homme de conciliation et de paix, et il allait ramener l'action de la papauté sur son véritable terrain, le terrain religieux. Grâce à cela, il allait pouvoir réaliser l'œuvre de réforme entreprise depuis plus d'un demi-siècle, et que l'attitude d'Urbain II, si violemment hostile au pouvoir royal, avait failli compromettre un moment.

LIVRE I

PASCAL II ET PHILIPPE Ier

CHAPITRE PREMIER

PASCAL II ET LA FRANCE

I

Débuts du Pontificat de Pascal II.
Son attitude vis-à-vis de la France.

Lorsqu'Urbain II mourut, le 29 juillet 1099 [1], les rapports entre la cour de Rome et Philippe Ier étaient, comme nous l'avons vu, assez tendus. Malgré la réconciliation apparente du concile de Nîmes, en 1096, et l'absolution nouvelle de 1098, Urbain II ne pouvait pardonner à Philippe, qui, en dépit de ses promesses, refusait d'abandonner Bertrade [2] et, pour les nominations épiscopales, continuait à faire preuve, sinon de la même hostilité vis-à-vis du Saint-Siège, du moins de la même absence de scrupules à l'égard des règles canoniques. Avant de mourir, il l'avait excommunié une dernière fois, tandis que le roi, en signe de protestation, s'était fait officiellement couronner au jour de la Pentecôte. C'est dans ces conjonctures que Rainier, ancien moine de Cluny, ancien légat d'Urbain II en Espagne, cardinal-prêtre du titre de Saint-Clément et abbé de Saint-Laurent-hors-les-Murs, fut nommé pape par le Sacré Collège, le 13 août 1099. Sacré le 14 août, il prit le nom de Pascal II [3].

Le caractère du nouveau pape formait avec celui de Gré-

---

1. Jaffé-Wattenbach, *Regesta pontificum romanorum*, t. I, p. 701, et cf. *ibid.*, nº 5087, la lettre de Pascal II à Hugue de Cluny, qui fixe au 29 juillet la mort d'Urbain.

2. Pour l'affaire de Bertrade, voir dom Brial, Préface du t. XVI du *Recueil des historiens des Gaules et de la France.*

3. Jaffé-Wattenbach, *Regesta*, t. I, p. 703.

goire VII et surtout avec celui d'Urbain II un contraste saisissant. Il sentait que ce ne serait pas en frappant de grands coups, en blessant l'ennemi de front, en tracassant les pouvoirs placés en face de lui qu'il réussirait là où avaient échoué des hommes aussi énergiques et aussi bien secondés que l'avaient été ses prédécesseurs. Il arrivait à une heure où la lutte ne pouvait qu'exaspérer les résistances au lieu de les briser, où les sévérités étaient devenues inefficaces à force d'être répétées, envers un roi pour qui les promesses n'étaient que de vaines paroles, et l'excommunication une comédie. Il fut assez clairvoyant et assez habile pour comprendre que l'intérêt du Saint-Siège lui commandait de s'appuyer sur la France contre l'Empire, de ne pas la laisser prendre vis-à-vis de Rome l'attitude hostile qu'avaient eue un instant Hugue Capet et Robert et qui menaçait de devenir plus marquée encore avec Philippe Iᵉʳ. Il savait qu'il avait à se mesurer avec un homme avide de plaisir et d'argent. Pour se le concilier, mieux valait fermer les yeux sur sa vie privée, tant que le scandale ne serait pas trop grand, et prendre ses promesses pour sincères, alors même qu'il était évident qu'elles ne l'étaient pas ; lui céder sur le terrain canonique (élections épiscopales) quand les apparences de légalité et de régularité seraient sauvées, quitte à réclamer assez énergiquement pour imposer sa volonté et lui donner force de loi, quand son intervention serait nécessaire.

D'ailleurs, si les tendances naturelles de son esprit n'avaient pas poussé Pascal à la conciliation, les événements mêmes et les circonstances de la lutte politique auraient suffi à l'y amener. Forcé d'excommunier Philippe, il n'eut de cesse qu'il ne fût absous, et, menacé par l'empereur Henri V, il courut se réfugier en France comme chez son alliée naturelle, sans s'être fait annoncer, sûr du bon accueil qu'on lui réservait. Dans ce pays, en effet, la lutte pour les investitures n'avait pas le même caractère qu'en Allemagne. Philippe Iᵉʳ ne pouvait pas avoir les mêmes exigences que les empereurs : il ne pouvait être question pour un roi de France d'intervenir en Italie, et il devait s'inquiéter fort peu de ce qui se passait à Rome, n'ayant jamais eu la prétention de gouverner le Saint-Siège ou de lui imposer sa volonté. Se contentant de faire chez lui ce que bon lui semblait, il bornait la lutte à ne pas se soucier de l'autorité pontificale.

Telle était la situation ; tel était l'homme ; et nous croyons que c'est mal juger celui qui, recevant un aussi lourd fardeau, arriva à préparer le concordat de Worms après avoir fait de la France la fille aînée de l'Église, que dire de lui, comme on l'a fait : « Il ne se rendait pas compte de la situation des pays étrangers [1]. »

Certainement sa politique, dans les premières années surtout, est hésitante ; il se dédit, désavoue ses légats, revient sur des décisions prises, semble manquer de ligne de conduite ferme et stable. Mais si l'on considère qu'en sept ans, après avoir excommunié le roi, il est arrivé, sans violences, comme sans concessions, à faire une sorte de traité d'alliance contre l'Empire avec ce royaume de France qui avait eu tant à souffrir de ses prédécesseurs et qui leur avait donné tant de mal, on comprendra quelle fut son habileté, les motifs de cette temporisation qui parfois semble de la faiblesse, de cet « opportunisme » qui est la véritable voie politique. Urbain II pouvait sembler plus grand dans sa farouche intransigeance ; mais c'est aux résultats qu'il faut juger les œuvres, et le pontificat de Pascal II a donné, au point de vue des relations cordiales, on peut même dire d'amitié et d'alliance, entre la France et Rome, des résultats auxquels jamais Urbain II n'était arrivé. Or n'était-ce pas mieux concevoir le bien de l'Église que d'agir comme le fit Pascal ? L'œuvre de réforme ecclésiastique en fut facilitée : les règnes de Louis VI et de Louis VII en sont la preuve éclatante.

Dès son avènement, Pascal se mit en rapports avec la France. Le premier acte que nous ayons conservé de lui, est la lettre qu'il envoie[2] de Rome, le 10 septembre 1099, à Hugue, son ancien supérieur de Cluny, par laquelle il lui annonce son élévation au pontificat, « du consentement du clergé et de tout le peuple catholique ». Sa première bulle [3] d'une portée générale est la sorte d'encyclique qu'il adresse vers la fin de cette même année 1099 à tous les archevêques, évêques et abbés de France pour les prier d'encourager les chevaliers de leurs diocèses à partir pour la Terre-Sainte.

---

1. Wattenbach, *Geschichte des römischen Papstthums*, p. 152 : « Er hatte gar keine Vorstellung von den Verhältnissen der fremden Länder ».
2. Jaffé-Wattenbach, *Regesta*, n° 5807.
3. *Ibid.*, n° 5812.

En même temps, le savant évêque de Chartres, Ive, le grand arbitre, le juste, celui qui conseille et qui réclame, qui se lamente et qui exhorte, qui donne son avis à chacun et sur toute chose, s'empresse d'entrer en relations avec le nouveau pontife. Ancien correspondant d'Urbain II (nous avons de lui huit lettres adressées à ce pape), il sent toute l'importance que pourra avoir pour l'Église de France son intimité avec Pascal, et dès son avènement, il lui écrit [1] pour le féliciter, pour lui faire part de son intention de l'aller voir à Rome, afin de traiter directement avec lui des affaires touchant le royaume et le clergé de France : ainsi le pape pourra mieux se rendre compte de l'état de son église ; ils pourront s'entendre tout de suite sur la politique à suivre. Empêché probablement par les troubles que fomentaient en Italie les impériaux et les amis de l'antipape Clément III d'accomplir ce voyage, il cherchera du moins, aussitôt que Pascal aura choisi ses légats, à se mettre en rapport avec eux, à diriger même leur action en France et leur politique vis-à-vis du roi [2].

II

Philippe Ier et le clergé français à l'avènement de Pascal II.

Malgré les bonnes dispositions que pouvait avoir Pascal II, les événements qui se passaient en France nécessitaient de sa part une intervention active. Urbain II était mort en lançant contre le roi adultère une dernière excommunication. La question du mariage de Philippe et de Bertrade passionnait encore assez les esprits pour que quelques semaines après l'élection de Pascal II, l'archevêque de Sens Daimbert réunît dans un concile provincial, à Étampes [3], les évêques Ive de Chartres, Guillaume de Paris, Jean d'Orléans, Gautier de Meaux et Hombaud d'Auxerre, afin de juger le cas de Philippe, évêque de Troyes, accusé d'avoir prêté jadis son ministère au mariage adultère. Ainsi cette vieille affaire n'était pas encore résolue. On

---

1. Ive de Chartres, lettre 81, dans les *Hist. de Fr.*, t. XV, p. 106.
2. *Id.*, lettre 84, *loc. cit.*, p. 107.
3. *Id.*, lettre 79, *loc. cit.*, p. 105.

avait successivement accusé Gautier, évêque de Meaux, Ourson, évêque de Senlis, Eude, évêque de Bayeux, Guillaume, archevêque de Rouen, sans arriver à déterminer exactement qui avait consacré cette union [1], et maintenant les évêques de la province de Sens se réunissaient pour juger un nouvel inculpé, Philippe de Troyes, qui d'ailleurs se défendit fort mal. Il avait une mauvaise réputation, surtout à cause de son père, Garnier de Ponts, un de ces seigneurs pillards qui arrêtaient dans les campagnes, pour les détrousser, les évêques pieux, partis en voyage vers « le seuil de saint Pierre ». Craignant peut-être les rigueurs de ses juges, il ne vint pas au concile auquel il avait été convoqué, semblant négliger de se disculper d'une accusation aussi futile, et, sans égards pour le métropolitain qui aurait dû en être le destinataire, expédia à l'assemblée une lettre, dans laquelle il se dispensait même d'envoyer ses excuses. Ive de Chartres se fit auprès de lui l'interprète de l'irritation de ses collègues, et, dans une lettre vive, lui reprocha son abstention injustifiée, se lamentant de le savoir coupable des fautes dont il était accusé, et lui intima l'ordre de venir, profitant d'un sursis accordé par Daimbert, à une nouvelle réunion fixée au 18 décembre 1099, jour du sacre d'Hervé, évêque de Nevers [2]. Nous ignorons les suites de cette affaire; la réunion du 18 décembre n'a pas laissé de traces dans l'histoire, et rien ne prouve que Philippe de Troyes ait, plutôt que les quatre autres inculpés, accordé son ministère pour la bénédiction du mariage de Philippe et de Bertrade. Mais le fait est significatif. La France n'est pas encore apaisée, le clergé réclame : le pape va être forcé d'intervenir.

Un autre fait, non moins significatif, hâta cette intervention. Pascal II n'ayant pas donné l'absolution à Philippe, celui-ci restait toujours sous le coup de l'excommunication fulminée contre lui par Urbain avant sa mort. Mais il ne s'en inquiétait guère. « Comme s'il avait cru qu'avec son héraut la justice elle-même était morte », il s'empressa de secouer ce joug, qui ne semble pas l'avoir jamais beaucoup incommodé, et ses évêques —

---

1. Voir la dissertation de dom Brial, en tête du *Recueil des historiens des Gaules et de la France*, t. XVI.
2. Ive de Chartres, lettre 79, *loc. cit.*, p. 105.

on ne sait pas exactement lesquels, « les évêques de la province
de Belgique », dit Ive de Chartres, — se mirent, à son instiga-
tion, en rébellion ouverte contre la peine que lui avait infligée le
pape défunt, et, en dépit de l'excommunication, le couronnèrent au
jour de la Pentecôte [1]. Qui étaient ces évêques ? On peut le supposer, ou du moins soupçonner l'un d'entre eux, auquel semble
s'appliquer ces vers de Baudri de Bourgueil, écrits en faveur de
Robert, ex-abbé de Saint-Remi de Reims, et contre l'archevêque de Reims Manassès, avec lequel Robert était en lutte :

> Namque manum super hunc nimis aggravat ille Remensis
>   Iram qui papae funditus emeruit,
> Imposuit siquidem regi diadema Philippo ;
>   Nunc et in hoc papae negligit imperium [2].

Et pour corroborer ces indices, nous avons une lettre de Lambert, évêque d'Arras, à Pascal II, dans laquelle il demande grâce
et indulgence pour ce Manassès, qui, plein de bons sentiments,
envoie Jean, évêque de Maurienne, plaider sa cause auprès du
Saint-Père [3]. Tout cela concorde assez bien avec le dévouement
que Manassès témoigna plus tard à Philippe. Dans l'affaire de
Galon et d'Étienne de Garlande, que nous étudierons plus loin,
Manassès, fort des pouvoirs que lui conférait son titre de métropolitain, laissa, pendant trois ans, le siège de Beauvais vacant
et, malgré les supplications d'Ive de Chartres, refusa de consacrer Galon, parce qu'il n'était pas le candidat du roi.

D'autre part, nous voyons en même temps, à Autun [4], l'évêque
Norgaud accusé de simonie et chassé de son diocèse, tandis que
Hugue, abbé de Flavigny, est expulsé de son couvent par les
moines dont il est le chef ; et, comme toujours, des conflits fréquents éclatent entre les abbés exempts et des évêques attachés
aux prérogatives de l'ordinaire.

Toute cette agitation provoquait, nécessitait une prompte
intervention pontificale. Le pape se décida à envoyer en France
une légation.

---

1. Ive de Chartres, lettre 84, *loc. cit.*, p. 107.
2. Migne, *Patrol. lat.*, t. CLXVI, col. 1205.
3. *Hist. de Fr.*, t. XV, p. 193.
4. Voir au chapitre II le récit de cette affaire.

III

Les légats Jean et Benoît.

Cette question des légats avait la plus grande importance. Comme le pape ne pouvait venir au delà des Alpes pour présider en personne chaque concile et résoudre chaque conflit, c'était du caractère, du tact, du sens politique des légats que dépendaient la concorde entre la France et Rome et les progrès de la réforme dans le royaume de Philippe.

Avant la réforme du xie siècle, les papes se servaient des légats pour fortifier la puissance pontificale, non par l'autorité qu'ils exerçaient dans toute l'Église en matière de dogme et de discipline, mais par celle qui tendait à restreindre la juridiction ordinaire des évêques. De là, depuis la cessation du vicariat d'Arles, tous ces légats *a latere* qu'on envoyait pour des causes majeures, pour juger en appel les causes des évêques dans leurs provinces. Mais, au milieu du xie siècle, on imagina un autre motif d'envoyer des légats : le soin de toutes les églises, qui pèse sur la tête du Souverain-Pontife, comme si, à ce titre, il était obligé de les gouverner et de les diriger personnellement. C'est ce qu'expliquait Alexandre II, lorsqu'en 1063, il écrivait aux archevêques de France, pour leur annoncer l'envoi, comme légat, de Pierre Damien, évêque d'Ostie, et leur demander d'avoir confiance en lui et de lui obéir comme ils le devaient [1]. Ce principe une fois établi, les légats se succédèrent presque sans interruption. Leur autorité surpassait celle des métropolitains et des conciles provinciaux. Ils convoquaient des conciles généraux, où ils avaient le pas sur les archevêques, y rendaient des sentences, et parfois étaient pris comme juges des contestations relatives aux élections ou des plaintes sur la conduite des évêques, avant que les évêques mêmes de la province en eussent connaissance [2]. En leur nom, on promulguait les canons et cons-

---

1. Jaffé-Wattenbach, *Regesta*, n° 4516.
2. Voir la lettre 68 d'Ive de Chartres, au sujet de l'élection de Jean, évêque d'Orléans, dans les *Hist. de Fr.*, t. XV, p. 100.

titutions des conciles, en leur nom on excommuniait les rois et les princes [1].

En France, la situation ne laissait pas que d'être embarrassante pour le pontife romain. Il avait à choisir entre l'envoi d'un légat italien, légat *a latere*, c'est-à-dire choisi dans son entourage, et l'adoption comme légat d'un prélat français dont l'influence et la réputation imposeraient son autorité d'une manière indiscutable. C'est ce dernier parti qu'avaient pris Grégoire VII et Urbain II, en choissant pour légat Hugue de Die. Souvent les clergés nationaux préféraient que les légats du Saint-Siège fussent pris parmi leurs propres membres ; parfois les rois eux-mêmes l'exigeaient. C'est ainsi que l'Angleterre, sur la demande de son souverain et avec l'assentiment de tout le clergé, n'admit jamais qu'on lui envoyât de légat *a latere*, et Anselme de Canterbury eut pendant de longues années les honneurs de cette charge. Cette exigence se comprend de la part d'un clergé très uni et très soumis à son roi. C'était une garantie : le roi savait que jamais le pape ne ferait prendre à un légat, prélat anglais, des dispositions défavorables à son clergé ou même à l'autorité du souverain laïque sur son clergé. Tout autre était la situation en France, où le légat, vu la tension des rapports qui existait entre le roi et le pape, était moins un intermédiaire entre deux pouvoirs que le représentant de l'un d'eux en face de l'autre. Dans un clergé aussi divisé et aussi peu discipliné que l'était le clergé français, la situation du légat, prélat français, devenait intolérable et dangereuse. Il est toujours pénible à des hommes de se voir censurer par un confrère avec qui on traitait la veille d'égal à égal. Et d'autre part, vu les jalousies et les querelles intestines qui déchiraient notre clergé, il était difficile à un prélat français de faire taire ses haines ou ses amitiés envers ceux dont il aurait à examiner la conduite, de juger impartialement et de rechercher l'intérêt de l'Église plus que ses intérêts personnels. Un légat italien, nouveau venu en France, connu seulement par la mission dont il était chargé, étranger aux querelles de notre clergé, devait paraître plus exclusivement le représentant de son mandataire, et partant se faire mieux écouter.

1. Sur les légats, voir Thomassin, *Ancienne et nouvelle discipline de l'Église*, éd. de 1864, t. II, p. 317, et dom Brial, Préface du t. XIV du *Recueil des historiens de la France*, p. VII.

Ce n'était cependant pas l'avis de tous les Français, et Ive, le grand conseiller des princes et des papes, écrira [1] plus tard à Pascal, lorsqu'en 1102 se préparera une nouvelle légation, pour lui recommander instamment de choisir un prélat français comme légat. Et pourtant Ive, mieux que personne, savait les inconvénients d'un pareil choix. Il conseillera à Pascal de prendre Hugue de Lyon comme légat, alors qu'il s'était jadis plaint violemment à ce même Hugue de sa conduite en lui disant : « Pour vous obéir, et par respect pour l'autorité pontificale, je me suis abstenu de consacrer l'élu de Sens... Je vous prie et vous conseille fort d'être plus réservé à l'avenir lorsque vous aurez des ordres apostoliques à nous faire passer, de crainte que par l'impossibilité de les exécuter, nous ne tombions dans la désobéissance. Avant de changer à votre gré la discipline établie... vous devriez considérer quel bien il peut en résulter... et si nous ne devons pas obéir au Saint-Père plutôt qu'à vous. Examinez si ce que vous ordonnez est licite et, si cela est ainsi, s'il est expédient de le faire. Autrement, vous rendrez odieux le joug auquel vous voulez nous soumettre ?... » Dans ce cas particulier, Ive avait raison, et l'on voit à quels inconvénients le choix d'un légat français exposait le Saint-Siège : d'un côté, à faire donner par passion et pour des raisons personnelles des ordres injustes ou injustifiés, d'un autre côté, à faire réprimander vertement et d'une façon peu honorable pour l'autorité qu'il représentait le légat pris à partie.

Malgré cela, et avec un oubli de toute considération personnelle qui aurait peut être rendu Ive capable d'être le seul bon légat français, cet évêque d'une conscience absolument droite n'hésita pas, en 1102, jugeant que l'intérêt de l'Église l'exigeait, à recommander au pape de choisir un légat français, et spécialement Hugue de Lyon. Les raisons qu'il donne ont leur poids et ne sont pas déplacées ici, bien que nous devions y revenir plus tard, au moment où se place la lettre elle-même, avant la légation de Richard d'Albano. Ive parlait du « joug » imposé par Hugue à ses confrères. Combien plus impatiemment les Français devaient subir le joug de ces prélats italiens, cardinaux-

1. Lettre 109, dans les *Hist. de Fr.*, t. XV, p. 118.
2. Ive de Chartres, lettre 60, *loc. cit.*, p. 92.

prêtres ou évêques, légats *a latere*, infailliblement en butte aux hostilités et du souverain et de son clergé, qui ne faisaient que « passer parmi les clercs de France, sans rien connaître, sans rien juger sainement, incapables de soigner des maux qu'ils ne pouvaient même pas apercevoir [1] ».

Or, le seul prélat français que Pascal eût pu choisir, puisqu'il ne pensait pas à Ive de Chartres, était l'ancien évêque de Die, Hugue, archevêque de Lyon. Riche, influent, il avait l'expérience de ces fonctions, qu'il avait exercées sous Grégoire et Urbain. Mais était-il « plus à même qu'un autre de reconnaître les maux qui se glissaient autour de lui », ce prélat qui, sous Grégoire VII, avait cassé plus de vingt élections épiscopales, dont le pape avait dû souvent réprimer le zèle, défaisant ce qu'il avait fait, dont s'étaient plaints violemment les clercs de Cambrai et Manassès de Reims, qui, sous Urbain II, avait été l'âme de la politique anti-française et qu'enfin Ive de Chartres lui-même avait jugé comme nous venons de le voir ?

Pascal ne le pensa pas, et pas plus alors que deux ans plus tard, il ne céda aux désirs d'Ive. Il préféra envoyer en France deux cardinaux-prêtres italiens, Jean de Gubbio, cardinal du titre de Sainte-Anastasie, et Benoît, cardinal de Sainte-Eudoxie. C'est là un des faits qui permettent de supposer qu'il voulait inaugurer à l'égard de la France une politique nouvelle. Bien que cette légation eût pour but précis de châtier Philippe, adultère, excommunié et qui semblait narguer le pouvoir pontifical en raillant cette excommunication, le pape évitait de choisir à nouveau pour légat en France Hugue, qui avait excommunié lui-même le roi et secondé Urbain II dans sa lutte contre lui. Peut-être cherchait-il déjà l'amitié de la France pour mieux résister à l'empereur ? En tout cas, il apparaît nettement que c'est dans un but de paix et par un désir de conciliation, qu'il avait fixé son choix sur des légats italiens.

Ce choix fut si sensible à l'archevêque de Lyon Hugue, que, sentant combien son prestige était tombé, il demanda au pape de lui confier une mission en Terre Sainte, dans l'espoir de trouver là-bas un champ d'action plus vaste, où il pourrait exercer sa domination et son autorité. Vers le mois de mars 1100,

1. Ive de Chartres, lettre 109, *loc. cit.*, p. 118.

le pape lui envoya des *litteras absolutorias*, lui conférant,
comme suprême hommage rendu à l'ancien auxiliaire de ses prédécesseurs, le titre et les pouvoirs de légat apostolique des provinces d'Asie [1].

1. Jaffé-Wattenbach, *Regesta*, n° 5824. — Cf. Lühe, *Hugo von Die und
Lyon, Legat von Gallien*, Breslau, 1898, p. 29.

CHAPITRE DEUXIÈME

I

Concile de Valence

Affaires de Norgaud et de Hugue de Flavigny.

La première affaire que les légats Jean et Benoît eurent à juger fut celle de l'évêque d'Autun Norgaud. Nous les trouvons immédiatement aux prises avec Hugue de Lyon, qui ne pouvait pardonner au pape de lui avoir préféré ces légats *a latere*.

Un concile devait se réunir à Autun, sous la présidence de Jean et de Benoît, pour juger Norgaud, accusé par ses chanoines du crime de simonie. Il avait, disait-on, promis à l'archidiacre Gautier, en la présence du chantre Étienne, de lui faire obtenir tout ce qu'il voudrait dans l'Église, s'il travaillait à faciliter son élection et si sa mère et son père, dont la puissance était grande à Autun, s'abstenaient de le combattre. C'est à ces intrigues qu'on attribuait le succès de sa candidature [1].

Au lieu de se réunir à Autun, le concile fut convoqué à Valence et s'y tint le 30 septembre 1100. Hugue fut justement irrité de voir un évêque de sa province soustrait à son tribunal. En effet, Autun dépendait de la métropole de Lyon, tandis que Valence était du ressort de Vienne. Il manifesta son mécontentement en s'abstenant de paraître à l'assemblée et en interdisant aux évêques de Langres et de Chalon d'y assister. Vingt-quatre archevêques, évêques et abbés y siégèrent [2]; beaucoup de Lyonnais y étaient venus pour défendre Norgaud, dont deux députés représentants d'Hugue. On commença par se dis-

---

1. Hugue de Flavigny, *Chronicon*, livre II, dans les *Mon. Germ.*, *Script.*, t. VIII, p. 490. Il ne faut pas oublier que Hugue, abbé de Flavigny, chassé de cette abbaye par Norgaud en 1099, raconte toute cette histoire avec une animosité qu'il ne peut d'ailleurs dissimuler.

2. L'évêque de Mâcon, retenu prisonnier par l'antipape Clément III, ne put assister à ce concile.

puter sur la procédure à suivre. Les amis de l'accusé et Norgaud
lui-même soulevèrent des difficultés : en effet, plusieurs évêques
français prétendaient que l'usage, en France, était d'établir le
corps du délit en demandant à l'accusé de prouver son innocence.
Les légats, au contraire, voulaient que ce fussent les accusateurs
qui prouvassent ce qu'ils avançaient. Puis on discuta la question
de l'appel à Rome : les légats s'y opposaient, alléguant qu'ils
étaient eux-mêmes munis de pleins pouvoirs. Enfin, l'affaire
traînant en longueur, la solution en fut remise au concile qui
devait se réunir peu après à Poitiers [1].

Sur ces entrefaites, pendant que les légats, ayant appris que
Norgaud avait la nuit même (30 septembre-1er octobre) envoyé
des présents aux membres du concile pour tâcher de les corrompre, privaient l'évêque d'Autun de toute fonction « sacerdo-
tale et pontificale », les chanoines d'Autun nommèrent treize
députés pour aller exposer l'affaire au Saint-Siège. Ces députés,
tous hostiles à Norgaud, se bornèrent à apporter au pape des
lettres, malheureusement perdues, des deux légats Jean et Benoît
et à renouveler devant Pascal, malgré les protestations de
l'évêque de Mâcon Bérard, présent à l'entrevue, les accusations
déjà formulées devant le concile de Valence [2].

A ce même concile, une autre affaire avait été débattue en
présence des légats. Norgaud, en effet, avait encore par ses
intrigues soulevé le couvent de Flavigny contre l'abbé Hugue.
Blessé de ce que Hugue n'eût pas assisté en personne à son
élection et oubliant les marques répétées de respect et de déférence qu'il lui avait depuis données, il lui avait interdit les fonctions de prêtre et était parvenu, malgré l'absolution des cen-
sures que Hugue avait reçue par commission de l'archevêque
de Lyon, à irriter tellement les moines contre lui, que le malheureux abbé s'était retiré désespéré dans la terre de Conches,
puis au monastère de Saint-Bénigne. C'est de là qu'accompagné de Jarenton, abbé de ce lieu, il s'était rendu au concile de
Valence. En présence de Norgaud, il avait offert de se laver des
accusations dont il était l'objet. Et personne n'ayant pris la
parole pour soutenir ces accusations, Hugue, défendu par Jaren-

1. Hugue de Flavigny, *loc. cit.*, p. 491.
2. *Ibid.*

ton, recouvrant alors la chappe et la crosse, avait pu dignement prendre place parmi les pères du concile.

Les tribulations du malheureux Hugue n'étaient cependant pas terminées. Après le concile, les légats le renvoyèrent à Flavigny avec une lettre qui enjoignait aux moines de le reconnaître comme abbé. Mais les ordres des légats furent méprisés par les moines, et Hugue fut reçu de telle sorte, qu'il s'empressa de se diriger vers Poitiers pour venir, devant un nouveau concile, réclamer encore une fois justice. Pourtant il changea d'avis en route et rentra à Flavigny, où naturellement de nouveaux déboires l'attendaient. Norgaud, absous, nous le verrons, devait en effet rentrer en triomphateur à Autun et nommer abbé de Flavigny le prieur Girard, malgré les protestations de Hugue, qui en appela vainement au chapitre d'Autun, à l'archevêque de Lyon et même au Saint-Siège[1]. Battu, Hugue dut se retirer, à Saint-Bénigne probablement, où, pour se consoler et se venger, il écrivit son histoire, ne craignant pas de flétrir dans les termes les plus violents la faiblesse du Saint-Siège qui laissait triompher l'injustice[2].

Quant à Norgaud, c'est au concile de Poitiers que devait se poursuivre l'examen de son affaire et, bien que nous devions revenir plus loin sur ce concile[3], il sera plus clair d'en rapporter ici ce qui le concerne. L'assemblée s'ouvrit à Poitiers le 18 novembre, en l'église Saint-Pierre. Trente-cinq clercs d'Autun s'y rendirent pour accuser leur évêque. Hugue de Lyon, toujours indisposé contre les légats, mécontent des résultats du concile de Valence, — résultats acceptés par le Saint-Siège, malgré Bérard de Mâcon, devant les treize députés du chapitre d'Autun, — prétexta sa maladie pour refuser de s'y rendre ; mais il se fit représenter par l'évêque de Die Ismion et par Gautier, évêque de Chalon, qui devaient prendre la défense de Norgaud. Après des discussions, renouvelées du concile de Valence, sur les chefs d'accusation, la procédure et l'appel à Rome, les légats demandèrent à Norgaud de se justifier, s'il trouvait des personnes idoines, qui

1. Hugue de Flavigny, *loc. cit.*, p. 495.
2. Voir sa diatribe contre la cour de Rome, *ibid*.
3. Voir ci-dessous, § II, le récit du concile de Poitiers. On trouvera en cet endroit l'indication des textes relatifs au concile. Il suffit ici de renvoyer à Hugue de Flavigny, *loc. cit.*, p. 491.

voulussent jurer avec lui son innocence, en exceptant toutefois de
ce serment ses amis Ismion et Gautier. L'archevêque de Tours
Raoul et l'évêque de Rennes Marbeuf allaient s'offrir, quand ils
furent circonvenus par les chanoines d'Autun, qui leur représentèrent le danger auquel un tel acte les exposait, eux et Norgaud,
étant donné qu'eux-mêmes, ils étaient décidés à soutenir l'accusation par serment. Ils furent intimidés, et Norgaud, resté seul
avec Ismion et Gautier, se vit destitué de tout office sacerdotal et
épiscopal; puis, comme il refusait de quitter l'anneau et l'étole, il
fut déposé avec menace d'être retranché de l'Église s'il ne se
soumettait pas. Il refusa, conserva ses insignes et fut excommunié.

Les légats poussèrent alors plus loin leur zèle. Ils se rendirent
à Autun, pour essayer d'imposer leur autorité.

Sur ces entrefaites, Hugue de Lyon avait réuni un synode à
Anse (décembre 1100) pour se faire voter les subsides nécessaires
à son voyage en Terre Sainte. Il se mit en route à la fin de mars
1101 [1]. Mais, furieux de la solution que le concile de Poitiers
avait donnée à l'affaire d'Autun et de la déposition par un concile
d'un évêque qu'il avait consacré, il n'abandonnait pas la partie :
accompagné de Norgaud et de Gautier de Dijon, il se dirigea
d'abord vers Rome, sous prétexte de demander une audience à
Pascal avant d'entreprendre son voyage. En chemin, il rencontra
Jean, évêque de Tusculum, devant qui, « sans accusateurs »,
Norgaud jura son innocence. Absous par Jean, Norgaud retourna
à Autun avec lui, laissant Hugue aller seul à Rome, où le pape,
probablement fatigué par ces disputes qui duraient depuis un an,
et peut-être pour ne pas offenser Hugue qui s'en allait en Palestine, par un esprit de conciliation exagéré, détruisit l'œuvre de
deux conciles, renvoya absous les uns et les autres, et en somme
désavoua par là et ses légats, et le propre jugement qu'il avait
rendu devant les treize représentants du chapitre d'Autun.

Jean et Benoît, qui, le 28 juillet, étaient à Autun, durent capitu-
ler, pour laisser Norgaud, accompagné de Jean de Tusculum,
rentrer en possession de son évêché. Il y fut d'ailleurs mal reçu ;
les légats se plaignirent de ce qu'il célébrât des messes à saint
Martin au mépris de leurs ordres ; mais, sentant la partie perdue,

____

1. Cf. Lühe, *Hugo von Die und Lyon*, p. 164.

ils l'abandonnèrent, fort dépités. Se séparant tous deux du conseil de la Curie, ils se retirèrent, Jean dans un monastère, à Pavie, et Benoît dans son église [1].

Pour en finir tout de suite avec cette affaire, bien que nous anticipions sur les années suivantes, notons que Norgaud resta en fort mauvais termes avec son chapitre. La nomination du prieur Girard comme abbé de Flavigny à la place de Hugue fut considérée comme un marchandage passé entre l'évêque et le prieur ; et il fallut, en 1103, que Pascal envoyât en France un légat spécialement chargé du règlement de cette affaire, Milon, ancien moine de Saint-Aubin d'Angers, évêque de Préneste, pour faire admettre Norgaud à Autun et y rétablir l'ordre [2]. En outre, un conflit ayant éclaté entre Cluny et Norgaud à l'occasion de certains dommages qu'il y avait causés, ainsi que Bérard, évêque de Mâcon, Milon pacifia si bien les deux parties au synode de Masille, que, admis au chapitre de Cluny, Norgaud y fut reconnu comme évêque [3]. La paix d'ailleurs ne fut pas de longue durée. Elle avait été conclue sur l'engagement pris par Norgaud de ne plus exiger la profession des abbés de Vézelai. Et bientôt la lutte entre Cluny-Vézelai et l'évêque d'Autun recommença ; Norgaud lança l'interdit contre le monastère de Vézelai, mesure probablement injustifiée, que le pape s'empressa de casser par une bulle du 30 octobre 1103 adressée « aux clercs, chevaliers et à tous les laïcs » des églises de France [4].

II

Concile de Poitiers.
Affaires diverses. Excommunication de Philippe Ier.

Mais reprenons l'histoire de nos légats au sortir du concile de Valence, lorsque, Norgaud condamné et Hugue de Flavigny

1. Hugue de Flavigny, *loc. cit.*, p. 494.
2. *Ibid.*, p. 495.
3. La charte qui relate cet accord est publiée dans les *Hist. de France*, t. XIV, p. 117.
4. Jaffé-Wattenbach, *Regesta*, n° 5959. — C'est vers la même époque que Hugue de Lyon rentra de Palestine. Voir Lühe, *Hugo von Die und Lyon*, p. 164.

réhabilité, ils remirent au concile de Poitiers la solution définitive de l'affaire. Avant de se rendre à Poitiers, ils s'arrêtèrent à l'abbaye de la Trinité de Vendôme, où les avait probablement appelés l'abbé Geoffroi. L'abbé, tout dévoué au Saint-Siège, accordait volontiers aux légats le privilège du séjour et de l'entretien, alors qu'il le refusait aux évêques [1]. Geoffroi avait d'ailleurs besoin d'eux pour trancher un différend qui s'était élevé entre lui et le comte de Vendôme Geoffroi de Preuilly [2]. La sévérité de Geoffroi de Vendôme ayant exaspéré un de ses moines, Daniel, celui-ci, maltraité, était allé demander secours et protection à Ive de Chartres, qui avait écrit en sa faveur à l'abbé de Vendôme une lettre pleine de violents reproches [3]. Mais l'abbé étant resté intraitable, Daniel avait fini par se réfugier auprès de Geoffroi de Preuilly, qui avait pénétré avec ses gens d'armes dans l'abbaye, forcé les portes de la salle capitulaire où se tenaient les religieux et fait asseoir Daniel parmi eux. Ive ayant refusé d'étendre l'interdit lancé contre Geoffroi de Preuilly au comté tout entier, comme l'avait demandé l'abbé de Vendôme à la suite de ces violences, le comte Geoffroi avait fait célébrer un service religieux par les chanoines réguliers de Saint-Pierre, comme s'il n'avait pas été interdit, tandis que des clercs du château avaient enseveli un bourgeois de Vendôme. Cette querelle menaçant de s'éterniser, on confia le soin de la juger à Jean et à Benoît. Ceux-ci donnèrent tous les torts au comte, qui jura de ne plus attenter en rien aux privilèges de l'abbé et dut aller lui faire amende honorable dans la chapelle de l'abbaye, pieds nus et humblement prosterné devant l'autel [4].

Mais la grande affaire pour laquelle Jean et Benoît étaient venus en France et qui allait être débattue au concile de Poitiers était toujours la conduite du roi. C'est d'ailleurs moins contre son mariage même que le pape tenait à protester par l'in-

---

1. Cf. Compain, *Étude sur Geoffroi de Vendôme* (*Bibliothèque de l'École des Hautes Études*, fasc. 86), Paris 1891, in-8°, p. 222.

2. *Ibid.*, p. 107-109. M. Compain a omis, dans le récit qu'il fait de ce conflit, de parler du rôle joué par les légats Jean et Benoît.

3. Ive de Chartres, lettre 82, dans Migne, *Patrol. lat.*, t. CLXII, col. 103.

4. Voir la charte-notice relatant la soumission du comte Geoffroi dans le *Cartulaire de l'abbaye de la Trinité de Vendôme*, éd. Métais, t. II, n° 400, et cf. *Annales de Vendôme*, ann. 1100, dans Halphen, *Recueil d'annales angevines et vendômoises*, p. 68.

termédiaire de ses légats, que contre le mépris qu'il avait affiché pour l'excommunication fulminée contre lui par son prédécesseur, en se faisant couronner à la Pentecôte. Le chef suprême de la Chrétienté ne pouvait tolérer que le roi de France fît si peu de cas des peines infligées par le Saint-Siège.

Ive de Chartres, qui prévoyait l'importance des événements prochains, s'empressa de se mettre en relation avec les légats, afin de leur donner des conseils sur la conduite à suivre. Le concile avait primitivement été fixé au 29 juillet. Aussitôt Ive écrit à Jean, pour le prier d'en reculer la date jusqu'à l'automne [1] : il prévoyait que la réunion du concile à une époque prématurée serait pour beaucoup d'évêques un prétexte pour ne pas y venir, sans compter que les dangers du voyage, les embuscades des vassaux du roi menaçant les prélats forçaient plusieurs d'entre eux à faire de longs détours. De plus, Ive rapportait à Jean ce qu'il avait appris de la cérémonie de la Pentecôte et le félicitait du tact dont il avait fait preuve, vu la délicate mission qui lui avait été confiée, en s'abstenant d'aller voir le roi. C'était la meilleure façon de protester au nom du Saint-Siège. Il ajoutait que le choix même de Poitiers comme lieu de réunion lui paraissait excellent, car les légats y pourraient plus librement discuter les intérêts de l'Église et s'attaquer au roi que dans « une ville de la Belgique ou de la Celtique, où il faudrait taire beaucoup de choses, de peur de soulever le scandale et de perdre les fruits du concile par les orages qu'elles susciteraient ». Se rendant sans doute aux raisons d'Ive de Chartres, les légats convoquèrent les évêques et les abbés à Poitiers pour le 18 novembre 1100 [2].

Au jour dit [3], en l'église Saint-Pierre, le concile s'ouvrit. Quatre-

---

1 Ive de Chartres, lettre 84, dans les *Hist. de Fr.*, t. XV, p. 107.

2. Nous avons conservé la lettre de convocation adressée à l'évêque d'Arras Lambert (*Hist. de France*, t. XV, p. 191).

3. On peut cependant hésiter pour la date d'ouverture du concile entre le 18 novembre, qui était la date de la convocation adressée par les légats et qui est donnée par Hugue de Flavigny (*Mon. Germ., Script.*, t. VIII, p. 491), et le 19 novembre, date donnée par la *Chronique de Saint-Maixent* (voir A. Richard, *Histoire des comtes de Poitou*, t. I, p. 428, n. 3), par Geoffroi le Gros, dans sa Vie de Bernard de Tiron (*Acta Sanctorum*, avril, II, p. 233), et par une charte-notice du cartulaire de Sainte-Marie d'Auch, fixant le cinquième jour du concile au vendredi 23 novembre (*Hist. de Fr.*, t. XIV, p. 321).

vingts évêques ou abbés y assistaient, suivant Hugue de Flavigny [1] ; cent quarante, suivant Geoffroi le Gros, le biographe de saint Bernard de Tiron [2]. Une des relations du concile [3] nous donne les noms d'un certain nombre d'évêques présents : Raimond d'Auch, Raoul de Tours, Philippe de Saint-Paul-Trois-Châteaux, Lambert d'Arras, Morvan de Vannes, Pierre de Lectoure, Bernard de Labour, Bertrand de Comminges, Engerand de Laon, Marbeuf de Rennes, Ive de Chartres. Nous avons vu que Hugue de Lyon avait envoyé pour le représenter Gautier de Chalon et Ismion de Die ; et il y avait d'autres évêques encore « de la Gascogne et de la Gaule ».

Philippe savait fort bien à quoi il devait s'attendre ; et s'il n'empêcha pas les évêques de se rendre au concile, comme le craignait Ive de Chartres, du moins manda-t-il à son vassal Guillaume, comte de Poitou, d'empêcher que le concile se tînt dans une ville de ses états, faisant partie de son royaume [4]. D'après Hugue de Flavigny [5], les légats étaient allés en personne trouver le roi, afin de lui annoncer ce qui allait se passer, peut-être afin de le ramener à de meilleurs sentiments ; et, « n'ayant remarqué dans ses paroles et ses actions aucun signe de repentir ni d'amendement, quoiqu'ils eussent eu recours pour le convertir aux mêmes moyens qu'on emploie pour fertiliser un arbre stérile, incapables de tolérer plus longtemps l'ignominie et les dommages auxquels était exposée l'Église catholique, ils résolurent de retrancher ce membre pourri du corps du Christ par l'anathème, au concile de Poitiers ». Si cette démarche des légats est authentique, elle doit se placer après le début de juillet, puisque nous avons vu Ive à ce moment féliciter les légats de n'avoir pas été eux-mêmes trouver Philippe [6]. En tout cas, le comte de Poitou n'empêcha pas les prélats de se réunir. Peut-

---

1. Hugue de Flavigny, *Chronic.*, l. II, dans les *Mon. Germ.*, *Script.*, t. VIII, p. 491.

2. *Acta Sanctorum*, avril, II, p. 233 ; *Hist. de Fr.*, t. XIV, p. 169.

3. C'est une notice relative à un démêlé entre le chapitre de Sainte-Marie d'Auch et les moines de Saint-Oriens (*Hist de Fr.*, t. XIV, p. 321).

4. *Gesta in concilio Pictavensi* (récit composé à Saint-Hilaire de Poitiers), dans les *Hist. de Fr.*, t. XIV, p. 108.

5. Hugue de Flavigny, *Chronic.*, l. II, dans les *Mon. Germ.*, *Script.*, t. VIII, p. 491.

6. Voir page précédente.

être ne reçut-il les instructions de Philippe qu'une fois le concile commencé, ce qui expliquerait assez sa conduite soudainement violente ; peut-être n'osa-t-il pas s'opposer aux projets des légats avant d'avoir vu la tournure que prendraient les événements, ce qui expliquerait son intervention au moment même de l'excommunication du roi ; peut-être enfin n'avait-il reçu aucune lettre de Philippe, et Hugue de Flavigny a-t-il sans fondement supposé l'existence de cette correspondance pour expliquer après coup les événements qui s'étaient déroulés.

Avant d'examiner le cas de Philippe Iᵉʳ, le concile non seulement régla l'affaire de Norgaud, ainsi que nous l'avons déjà vu précédemment [1], mais s'occupa aussi de divers conflits qui avaient éclaté entre certains membres du clergé et de quelques questions de discipline ecclésiastique.

Ainsi, sans que nous sachions ce qui en est résulté définitivement, un chanoine du nom de Dreu vint se plaindre d'avoir été injustement dépouillé de la trésorerie de Châlons-sur-Marne, dont il avait été investi par l'évêque défunt [2]. Faisant droit aux observations de ses adversaires, le concile déclara qu'étant entré en possession de la charge après avoir importuné l'évêque sur son lit de mort pour se la faire concéder, Dreu n'avait pas été régulièrement investi ; mais ce dernier fit casser la sentence par le pape. Nous verrons plus loin, en étudiant les relations entre le Saint-Siège et l'épiscopat français, comment se poursuivit cette affaire.

Ce fut aussi à l'une des séances de ce concile qu'on accorda à Ive de Chartres le droit d'autel à Bazoches, en Dunois, fait qui semble de minime importance, mais qui sera gros de conséquences [3]. Enfin, Robert, abbé de Saint-Remi de Reims, qui avait été chassé de son monastère et remplacé par un nommé

---

1. Voir ci-dessus, p. 14 et 15.

2. Ive de Chartres, lettre 95, dans les *Hist. de Fr.*, t. XV, p. 112. Nous reviendrons d'ailleurs longuement plus tard sur cette affaire et sur les suivantes. Nous voulons seulement signaler ici le rôle joué par les légats comme restaurateurs de la paix dans l'Église et comme juges ecclésiastiques, à côté de leur grande mission politique qui visait directement le roi de France.

3. Ive de Chartres, lettres 100 et 112, dans Migne, *Patrol. lat.*, t. CLXII, col. 120 et 130. Voir aussi la lettre adressée en 1102 à Ive par Pascal II (Jaffé-Wattenbach, *Regesta*, nº 5922).

Bouchard, vit sa cause favorablement accueillie par le concile, qui remit au Saint-Siège le soin de la trancher [1].

Après avoir terminé l'examen de toutes les causes soumises à leur jugement, les légats se préparèrent à frapper le grand coup : à lancer l'anathème contre Philippe [2]. Le comte Guillaume et quelques évêques dévoués au roi de France supplièrent les légats de ne pas aller jusqu'à une condamnation aussi outrageante pour leur souverain ; Guillaume avait le sentiment de la responsabilité qui lui incombait si l'excommunication était prononcée, sur ses propres domaines, contre celui de qui il tenait son comté. N'ayant pu réussir à persuader les légats, il sortit de l'église où avait lieu le concile, suivi de « quelques évêques, de beaucoup de clercs et d'un nombre infini de laïcs ». Alors, en présence des seuls partisans des droits du Saint-Siège restés en séance, les légats excommunièrent solennellement le roi. Mais, au moment où l'assemblée allait se dissoudre et où, en public, on entonnait, en guise de clôture, un cantique d'actions de grâces, un des assistants, désireux de venger son souverain, lança d'une des galeries de l'église une pierre dont il espérait frapper les cardinaux. La pierre n'atteignit qu'un pauvre clerc, qui tomba la tête fracassée. Les pères du concile surent garder leur sang-froid, et leur attitude énergique finit par en imposer aux factieux, qui vinrent, Guillaume à leur tête, s'agenouiller devant les légats en implorant leur pardon [3].

1. Hugue de Flavigny, *Chronic.*, II, dans les *Mon. Germ., Script.*, t. VIII, p. 493. — Sur l'affaire de Robert, voir une série de lettres de Lambert, évêque d'Arras, dans les *Hist. de Fr.*, t. XV, p. 184-188. — On peut encore mentionner ici la solution donnée au débat qui divisait le chapitre de Sainte-Marie d'Auch et les moines de Saint-Oriens au sujet du droit de cimetière (*Hist. de Fr.*, t. XIV, p. 321) et la confirmation d'une bulle d'Urbain II par laquelle le monastère de Cellefrouin était soumis au monastère de Charroux (*Hist. de Fr.*, t. XIV, p. 737).

2. Cette séance finale est, au plus tôt, du 23 novembre, date à laquelle nous avons la preuve que le concile siégeait encore. Voir la notice relative à Sainte-Marie d'Auch déjà citée à la note précédente.

3. Hugue de Flavigny, *Chronic.*, II, dans les *Mon. Germ., Script.*, t. VIII, p. 493. D'après Geoffroi le Gros, biographe de Bernard de Tiron, ce dernier aurait pris part au concile avec son ami Robert d'Arbrissel; Guillaume serait rentré dans l'église, avec une nombreuse troupe, au moment où se faisait la lecture du décret d'excommunication lancé contre Philippe, et aurait excité alors ses gens au pillage et au massacre. Tandis que la plupart des pères du concile s'enfuyaient, Bernard et Robert seraient restés à leur place en face de l'émeute, que leur fière contenance aurait apaisée (*Hist. de*

Orderic Vital nous a expliqué, dans son *Histoire* [1], en quoi consistait l'excommunication qui pesa dès lors sur Philippe. « Pendant ce temps, dit-il, le roi ne portait ni la pourpre ni le diadème, il ne célébrait aucune solennité à la manière des rois. S'il arrivait dans une ville ou dans une place forte, aussitôt que le clergé en était instruit, le son des cloches et les chants cessaient partout. C'était un deuil général, et le service divin ne se célébrait plus en public tant que le prince rebelle séjournait dans le diocèse ». Hugue de Flavigny [2] nous apprend, de plus, que, dans leur zèle, les légats firent appliquer beaucoup plus strictement que sous Urbain II l'anathème lancé contre le roi. Jadis en effet, Philippe excommunié avait la faculté de se faire suivre d'un chapelain particulier, qui lui disait la messe, à lui et aux gens de sa maison [3]. Cette tolérance ne lui fut pas accordée cette fois ; autrement, on ne s'expliquerait pas l'anecdote suivant laquelle Philippe ayant séjourné quinze jours à Sens avec Bertrade, toutes les églises restèrent fermées, sans que le clergé permît aux souverains de prendre part à aucun acte religieux, si bien que Bertrade, furieuse, en arriva à ordonner d'enfoncer la porte d'une église afin d'y faire chanter la messe [4]. Et la colère divine s'ajoutant aux colères pontificales, la légende rapporta [5] que Philippe souffrit de maux de dents, de la gale, de maladies honteuses, et qu'il perdit le pouvoir miraculeux, qu'il tenait de son père, de guérir les écrouelles. Philippe d'ailleurs supportait en sou-

---

Fr., t. XIV, p. 169). Un récit anonyme du concile, composé à Saint-Hilaire de Poitiers et que nous avons déjà eu l'occasion de citer (*Hist. de Fr.*, t. XIV, p. 108), fait de cette scène un récit entremêlé de discours, l'un du comte Guillaume menaçant les évêques des pires violences s'ils passaient outre et leur disant : « Le roi m'a mandé que vous vous disposiez à l'excommunier dans cette ville que je tiens de lui et il m'a sommé, par la fidélité que je lui dois, d'empêcher cela de toutes mes forces » ; l'autre du légat Jean, invoquant la prééminence des « commandements du Roi du ciel » sur ceux du roi et mettant le concile sous la protection de saint Hilaire, qui lui était apparu pour l'encourager. Dans ce récit d'ailleurs comme dans celui de Hugue de Flavigny, Guillaume finit, touché par la grâce, par venir demander l'absolution aux pères du concile.

1. Orderic Vital, *Historia ecclesiastica*, VIII, 20, éd. Le Prévost, t. III, p. 389.

2. Hugue de Flavigny, *Chronic.*, II, dans les *Mon. Germ. Script.*, t. VIII, p. 493-494.

3. Orderic Vital, *loc. cit.*

4. Hugue de Flavigny, *Chronic.*, *loc. cit.*, p. 493-494.

5. Orderic Vital, *loc. cit.*, p. 390.

riant les misères auxquelles le condamnaient les papes irrités.
La légende souvent recouvre un fond de vérité, exprimant d'une
façon concrète un simple état psychologique, un trait de caractère. C'est ainsi qu'on peut comprendre cette historiette de William de Malmesbury [1] : comme tous les services divins cessaient là où il arrivait et qu'à son départ les cloches se met-
taient en branle, il disait en riant comme un fou, à Bertrade :
« Entends-tu, ma belle, comment ils nous chassent? » Et Orderic Vital nous le montre endurci dans le crime, ne tenant aucun
compte des réprimandes qu'on lui adressait, croupissant dans
l'adultère et vivant avec Philippe et Flore, les deux enfants
qu'il avait eus de Bertrade.

Il devait rester excommunié jusqu'en 1104, supportant tran-
quillement son sort, sans même faire, comme sous Urbain II, des
tentatives auprès du pape pour rentrer en grâce et obtenir
l'absolution.

Nous avons dit comment les légats, leur mission accomplie,
rentrés à Rome après ces scènes orageuses, se virent désavoués
par le pape au sujet de l'affaire Norgaud, par suite de l'intervention de Hugue de Lyon. Pourquoi Pascal céda-t-il à Hugue?
Pourquoi déclara-t-il Norgaud innocent de la simonie et du
trafic des biens ecclésiastiques dont on l'avait accusé? Pourquoi,
donnant cette solution à ce conflit, institua-t-il en somme le
droit d'appel à Rome contre les jugements canoniquement rendus par ses représentants et par des conciles généraux? Il avait
choisi des légats *a latere* afin d'avoir plus d'influence et pour
que les raisons d'ordre personnel eussent une moindre part dans
les détermination des légats eux-mêmes; et le voici qui s'incline
devant un homme manifestement partial, un prélat qui ne lui
est rien, qui, dès le concile de Valence, fut en opposition contre
les mandataires de son autorité, en faveur d'un évêque honni
par tous les siens. Il brisait ainsi l'effort de ses légats, l'œuvre
de deux conciles auxquels avaient coopéré presque tous les
évêques de France. Quelle valeur le roi et son peuple pouvaient-
ils attacher à l'excommunication rendue contre Philippe par ces
mêmes légats, dans ces mêmes conciles, alors que le pape les

---

1. *De gestis regum Anglorum*, V, 404, éd. Stubbs (dans la Collection du
Maître des rôles), t. II, p. 480.

désavouait aussi légèrement pour une question connexe ? Espérait-il arriver plus vite à une conciliation en faisant œuvre de mansuétude ? Philippe n'entra certes pour rien dans cette décision, puisqu'il fut excommunié en même temps. La seule raison qu'on puisse donner pour expliquer cette attitude bien peu politique est le désir que pouvait avoir Pascal de montrer à Hugue de Lyon en quelle estime il le tenait et de lui faire comprendre que c'était sans aucune amertume à son égard qu'il l'avait remplacé par des légats *a latere*. Qu'importe ? Au point de vue des principes, comme au point de vue politique, c'était une maladresse et c'est une des marques de l'esprit d'indécision et de faiblesse qui caractérisera souvent la politique de Pascal II.

CHAPITRE TROISIÈME

I

Affaires diverses.

Indépendamment du rôle qu'il jouait en France par ses légats,
Pascal n'avait pas attendu leur départ pour intervenir directement dans les affaires du clergé français [1]. Ive de Chartres, qui
s'était empressé d'entrer en correspondance avec le pape dès son
avènement, s'était plaint à lui de la coutume du droit de
dépouille, qui sévissait dans tous les diocèses français : de même
que le seigneur, en vertu de la régale, jouissait des revenus du
domaine épiscopal pendant les vacances, de même, le peuple considérait comme une de ses prérogatives de venir piller le palais
épiscopal dès qu'il apprenait la mort de l'évêque. Pascal répondit
aussitôt (14 février 1100) en interdisant formellement à tous les
fidèles de venir piller le palais épiscopal de Chartres, quand Ive
ou ses successeurs viendraient à mourir [2]. Un mois après
(14 mars), c'est encore à Ive et à son confrère l'évêque de Saintes
qu'il écrit [3], pour les rappeler à l'observation stricte des canons
du concile de Clermont relatifs aux autels des monastères. Nous
avons vu enfin comment Pascal avait correspondu avec Hugue
de Lyon, qu'il avait nommé légat dans les provinces d'Asie [4],
et avec Norgaud dont il avait confirmé l'élection [5].

Il est inutile de mentionner les divers monastères dont il confirma alors les privilèges. Remarquons seulement, au point de vue

---

1. Le sens de ces décisions épiscopales et les conclusions à en tirer
trouveront leur place dans les chapitres consacrés à l'épiscopat et au clergé
régulier. Nous ne faisons ici que montrer la suite des relations directes
entretenues par Pascal II, même en dehors de ses légats, avec le clergé
français.

2. Jaffé-Wattenbach, *Regesta*, n° 5818.

3. *Ibid.*, n° 5820.

4. *Ibid.*, n° 5824 (voir ci-dessus, p. 11).

5. *Ibid.*, n° 5831, et voir ci-dessus, p. 15-16.

de sa politique vis-à-vis du clergé régulier, outre sa lettre à Ive au sujet des autels, celle qu'il écrivit à Philippe, évêque de Châlons, pour lui interdire de forcer l'abbé de Montier-en-Der à assister aux fêtes diocésaines, comme il en avait la prétention[1], et l'acte par lequel il confirma à l'abbé de Vendôme, ce fidèle ami du Saint-Siège, le droit de ne pas faire profession à son évêque[2].

Puis, naturellement, c'est son ancien supérieur, Hugue, abbé de Cluny, dont il renouvelle les privilèges[3], qu'il recommande à la protection de tous les archevêques et évêques de Gaule[4]. Il intervient dans un conflit qui a éclaté entre l'abbaye de Marmoutier et Geoffroi, évêque d'Angers, interdisant à ce dernier tout office sacerdotal, jusqu'à ce qu'il ait donné satisfaction aux moines de la grande abbaye[5].

Sur ces entrefaites, le concile de Poitiers est terminé, les légats rentrent en Italie, et en 1101 Pascal n'envoie pas de nouvelle légation en France. Jusqu'en 1102 (légation de Richard d'Albano), il s'occupera de loin du clergé français, et d'ailleurs, il aura fort à faire, car l'excommunication lancée contre le roi a eu pour unique résultat de rendre celui-ci encore plus insoucieux des volontés pontificales et plus cynique dans la façon vénale et autoritaire dont il prétend imposer sa volonté à son clergé.

Outre les nombreux actes d'exemption concédés ou renouvelés aux monastères français, mentionnons les confirmations de droits et de privilèges accordés aux deux abbayes de chanoines réguliers (que Pascal protégeait comme les abbayes de moines) de Chaumoussey[6] et de Saint-Jean-en-Vallée[7]. Le pape confirme aussi des donations faites aux moines par des évêques, par exemple celles d'Ive de Chartres aux moines du Bec[8]. Pour resserrer les liens qui rattachaient le clergé régulier à Rome par les abbayes exemptes, il réunit Saint-Martial de Limoges à Cluny[9] et, en Poitou, exige des évêques de Bordeaux, Poitiers

---

1. Jaffé-Wattenbach, *Regesta*, n⁰ˢ 5827-5828 (11 avril 1100).
2. *Ibid.*, n⁰ 5821 (14 mars 1100).
3. *Ibid.*, n⁰ˢ 5845 et 5849 (15 et 20 novembre 1100).
4. *Ibid.*, n⁰ 5846 (novembre 1100).
5. *Ibid.*, n⁰ 5855 (20 novembre 1100).
6. *Ibid.*, n⁰ 5869 (5 mai 1101).
7. *Ibid.*, n⁰ 5925 (2 décembre 1102).
8. *Ibid.*, n⁰ˢ 5907 et 5913 (12 et 18 avril 1102).
9. *Ibid.*, n⁰ 5920 (29 mai 1102).

et Saintes qu'ils fassent justice des torts commis par de nobles
paroissiens envers le monastère de Montierneuf [1].

II

L'épiscopat.

Avec le clergé séculier, il poursuit son œuvre de paix et
d'organisation. Lambert d'Arras, qui était en butte aux contestations de ses voisins depuis que le pape Urbain II lui avait
constitué un évêché indépendant, reçoit confirmation de ses
droits par Pascal, qui délimite définitivement son diocèse [2]. Mais
c'est surtout avec Ive de Chartres que reprennent ses relations
suivies.

C'est à cette même époque que commence la longue lutte qui,
pendant trois ans, va désoler l'évêché de Beauvais et à propos de
laquelle Ive et Pascal uniront leurs efforts pour faire triompher
le droit et la règle canonique contre l'autorité du roi de France [3].

Depuis la mort d'Anseau (21 novembre 1099) jusqu'au
milieu de l'année 1100, l'évêché avait été vacant, pour le
plus grand profit du trésor royal. L'élection d'Étienne de Garlande [4], faite par une fraction des chanoines de Saint-Pierre
de Beauvais provoqua un grand scandale dans le clergé. Cet
évêque, favori de Philippe Ier, n'avait pas été élu, disait-on, dans
les formes canoniques, et Ive avait aussitôt écrit aux légats Jean
et Benoît pour les mettre au courant et les prier de ne pas ratifier ce choix. Invoquant une lettre récente du pape qui fixait les
conditions dans lesquelles une élection épiscopale pouvait être
valide, Ive attaquait celle d'Étienne. « Au mépris de ces lettres,
écrivait-il, au mépris de la volonté du Siège apostolique, se répan-
dant en paroles de dérision contre les légats (Ive pensait toucher

1. Jaffé-Wattenbach, *Regesta*, n° 5227 (8 décembre 1102).
2. *Ibid.*, n° 5862 (15 avril 1104).
3. Sur cette affaire, cf. Bernard Monod, *L'Église et l'État au XIIe siècle.
L'élection épiscopale de Beauvais de 1100 à 1104 : Étienne de Garlande et
Galon* (Mémoires de la Société académique de l'Oise, t. XIX ; à part : Paris,
Champion [1904], in-8°, 26 p.). Les pages qui suivent sont, en grande partie, la reproduction à peu près textuelle de cet article.
4. Étienne de Garlande, quatrième fils de Guillaume, sénéchal de France,
avait été comblé d'honneurs ecclésiastiques par Philippe Ier. Il était à la
fois archidiacre de Paris et doyen de Saint-Samson, de Saint-Aignan et de
Sainte-Croix d'Orléans.

par là directement l'amour-propre de ceux-ci), les chanoines de Beauvais, mettant de côté toute obéissance canonique, ont élu pour évêque, afin d'obéir à la volonté du roi et de sa fameuse compagne, un clerc illettré, joueur, de mauvaise vie, n'ayant même pas reçu les ordres sacrés et rejeté jadis de l'Église par l'archevêque de Lyon pour adultère : Étienne de Garlande. » Il invitait donc les légats à mettre bon ordre à ce scandale [1], pendant qu'Étienne, de son côté, envoyait à Rome des députés pour tenter de circonvenir Pascal et de corrompre son entourage [2].

Les légats furent-ils peu impressionnés par la lettre d'Ive, ou négligèrent-ils de prendre une décision ? Toujours est-il que ni au concile de Valence, ni à celui de Poitiers, on ne parla de l'évêché de Beauvais, et il ne semble pas que les légats se soient jamais occupés d'Étienne de Garlande. Cependant, ce dernier faisait agir ses amis : Manassès, archevêque de Reims, réunissait un concile à Soissons (1100), et les clercs de Beauvais le suppliaient d'écrire au pape en faveur du nouvel élu. Peu après, ils s'adressent à l'évêque d'Arras Lambert, lui demandant de vouloir bien, lui aussi, prendre leur défense auprès du Saint-Siège et recommander Étienne à son ami le légat Jean [3]. Ils insistent sur la régularité de l'élection, sur la valeur de l'élu, sur la petite objection qu'on peut faire : Étienne n'était même pas diacre. Au courant des difficultés soulevées, notamment de la campagne menée par Ive, ils demandent à Lambert, suffragant de Manassès, de les aider à les aplanir [4]. Si Lambert fit la commission à Jean, on comprend que celui-ci, pris entre l'évêque de Chartres et l'évêque d'Arras, se soit abstenu de résoudre l'affaire. Le cas de Norgaud lui avait donné trop de mal pour un trop piètre résultat.

Ive, voyant que Jean et Benoît n'intervenaient pas, s'adressa alors directement au pape [5], et, craignant que les intrigues d'Étienne n'influençassent le Saint-Siège, renouvela auprès de Pascal la plainte qu'il avait adressée à son légat [6].

---

1. Ive de Chartres, lettre 87, dans les *Hist. de Fr.*, t. XV, p. 109.
2. Cela ressort de la lettre d'Ive citée à la note précédente.
3. Voir la lettre adressée en 1101 à l'évêque Lambert par les clercs de Beauvais, dans les *Hist. de Fr.*, t. XV, p. 192.
4. Voir la lettre citée à la note précédente.
5. Ive de Chartres, lettre 89, dans les *Hist. de Fr.*, t. XV, p. 109.
6. On ne voit pas cependant qu'Ive ait à ce moment, ainsi que le prétend

Le concile réuni à Soissons par l'archevêque Manassès ayant en somme donné raison à Étienne et à ses électeurs, Ive changea de ton. Préférait-il à tout la paix de l'Église ? S'inclinait-il, malgré ses convictions, devant l'attitude de l'archevêque de Reims et des prélats réunis autour de lui en synode ? Cédait-il aux importunités d'Étienne [1] ou même de Philippe ? Il s'adressa, en tout cas, de nouveau au pape, mais cette fois pour plaider, au nom de l'Église d'ailleurs et probablement sur les demandes instantes de ses membres, la cause du même Étienne qu'il avait peu avant combattu. Il revient sur ses accusations, atténue ses jugements et, sans se mettre en avant, entourant cette justification d'Étienne de nombreuses réserves, il déclare que « les clercs de Beauvais répondent de lui », « qu'il ne parle qu'au nom de l'Église, pour la paix de cette pauvre mère déchirée et accablée ». Ainsi, il met Pascal en garde contre la lettre même qu'il lui écrit, et finit en lui demandant de se laisser toucher, au moment de prendre sa décision, du désir de « réparer tant de ruines lamentables » [2].

Pascal, très au courant de l'affaire, décidé cette fois à agir en véritable pape réformateur et à ne pas céder aux clercs de Beauvais, réprimande Ive de Chartres sur sa palinodie, lui reproche de céder à d'autres mobiles qu'à sa conscience et sa conviction, enfin, ne craignant pas d'attaquer de front « la volonté du roi », il donne ordre sans retard de procéder à une nouvelle élection [3].

Dégagé par la lettre du pape de la contrainte où l'avaient mis les clercs de Beauvais et Étienne de Garlande, Ive fait part à Pascal [4] de sa joie d'être en communion d'idées avec lui, le

M. Luchaire (*Louis VI le Gros*, p. CLXI), usé de l'influence qu'il avait gardée à Beauvais, en qualité d'ancien abbé de Saint-Quentin, pour encourager « la partie du chapitre de Saint-Pierre, restée fidèle à la bonne cause, à choisir, suivant les règles canoniques, un candidat plus acceptable ». C'est plus tard qu'il s'adressera aux clercs de Beauvais, au moment de l'élection de Galon.

1. Dans une lettre écrite en 1101 à Pascal II, Ive (lettre 95, dans les *Hist. de Fr.*, t. XV, p. 112) dit, en effet, en parlant d'Étienne : « Importunitate enim sua extorsit a me litteras... »

2. Ive de Chartres, lettre 92, *loc. cit.*, p. 111.

3. Les lettres de Pascal sont perdues ; mais tous ces détails ressortent des lettres 95, 97 et 98 d'Ive de Chartres, *loc. cit.*, p. 112-114.

4. Ive de Chartres, lettre 95, *loc. cit.*, p. 112.

remercie de ses semonces et nous révèle ce qu'il y avait de sous-entendu entre les lignes de sa dernière lettre, pour qui savait lire. Il recommence aussitôt ses démarches auprès de Lambert, lui conseille de pousser Manassès de Reims à faire respecter les ordres du pape en exigeant une nouvelle élection [1]. Mais on connaît l'attitude que Manassès avait prise au concile de Soissons. Ive devait avoir du mal à en triompher. Il ne se décourage pas cependant : en même temps, il écrit aux clercs de Beauvais [2], leur donne des conseils émus et pressants et leur recommande d'obéir promptement aux injonctions pontificales en procédant aussitôt à une nouvelle élection, catholique et canonique. Sûr de l'appui de son maître, il a retrouvé sa sereine tranquillité et commande d'un ton affectueux, mais énergique [3].

L'affaire fut bien menée, et malgré l'inaction de Manassès, la fraction du chapitre de Beauvais qui appartenait au parti réformiste, élut Galon, abbé de Saint-Quentin de Beauvais.

Galon, à en croire plusieurs auteurs [4], était un prélat non seulement honorable, mais même fort distingué. Nommé par le parti réformiste du clergé de Beauvais, il ne fut pas reconnu par tout le chapitre : quelques clercs, complices d'Étienne, « séduits par les peaux de martre que celui-ci leur avait données, refusèrent d'accorder leur assentiment à cette élection, et, incapables de l'empêcher, allèrent trouver le roi. Ils plaidèrent auprès de lui la cause d'Étienne, dénigrèrent Galon, disciple et ami d'Ive, qu'ils lui représentèrent comme un de ses futurs adversaires, et un des plus dangereux, si jamais il devenait évêque dans le royaume ». Si bien que le roi ne voulut pas consentir à l'élection (*assensum praebere electioni*) ni remettre à l'élu les biens de l'évêché [5].

---

1. Ive de Chartres, lettre 97, *loc. cit.*, p. 113.

2. Lettre 98, *loc. cit.*, p. 114.

3. M. Luchaire (*Louis VI le Gros*, p. CLXII) se trompe quand il place cet échange de lettres entre le pape et Ive au moment du départ des légats pour la France. Seule la lettre d'Ive aux légats est de 1100. Toutes les lettres d'Ive à Pascal sont de 1101, par conséquent postérieures au concile de Poitiers.

4. Ive de Chartres, lettre 104, dans les *Hist. de Fr.*, t. XV, p. 115 ; saint Anselme, lettres, III, 69, dans Migne, *Patrol. lat.*, t. CLIX, col. 106 ; Orderic Vital, *Historia ecclesiastica*, VIII, 20, éd. Le Prévost, t. III, p. 390 ; Vie de Jean, évêque de Thérouanne (écrite en 1139), § 6, dans les *Mon. Germ.*, *Script.*, t. XV, p. 1143, l. 20.

5. Ive de Chartres, lettre à Pascal II, citée à la note précédente.

En présence de ce scandale, on ne pouvait même pas espérer que le métropolitain agirait avec énergie. L'attitude que Manassès de Reims avait prise jusque-là faisait prévoir la conduite qu'il allait suivre. Par une ruse habile, ayant appris que les électeurs de Galon se disposaient à aller chercher justice à Rome, il les retint à Beauvais, sous prétexte de réunir les électeurs des deux partis et de « rétablir la paix entre eux » ; au fond, il voulait temporiser « afin d'empêcher l'élection, suivant la volonté du roi » [1]. Enfin, il refusa de consacrer le nouvel élu [2].

Ému par les lettres d'Ive et de saint Anselme, archevêque de Canterbury, Pascal intervient de nouveau [3] ; il exprime son avis, fait connaître sa volonté. Ive, de son côté, supplie Manassès [4] de céder, de consacrer Galon, lui rappelant le respect dû au Saint-Père, la bonne famille d'où sort Galon, l'illégalité de la conduite de Philippe, les rois n'ayant pas le droit de s'immiscer dans les élections ni de les empêcher. Mais Manassès, sourd aux ordres de Rome comme aux prières de son confrère, restait résolument du côté du roi, contre le pape, contre les réformistes, contre la majorité du chapitre, contre les autres évêques, contre le droit canon.

L'affaire en était là, lorsque Philippe, ennuyé de ces recours à Rome et voulant se montrer maître chez lui, fit le serment que jamais, lui vivant, Galon ne serait évêque de Beauvais [5]. Pour donner plus de poids à cet acte, il y fit participer son fils Louis, roi désigné, le mettant ainsi de moitié dans sa politique antipontificale [6]. Le résultat fut que Galon ne put entrer en possession du siège de Beauvais.

Somme toute, la victoire ne restait ni au roi ni au pape : Étienne de Garlande n'était pas plus évêque que Galon. Découragé, ce dernier s'en alla à Rome, sur le conseil d'Ive, discuter avec Pascal des intérêts de l'Église et de la conduite à suivre [7]. Le pape

1. Ive de Chartres, *ibid*.
2. Ive de Chartres, lettre 102, *loc. cit.*, p. 114.
3. Cela ressort de la lettre citée à la note précédente.
4. *Ibid*.
5. Ive de Chartres, lettre 105, *loc. cit.*, p. 116.
6. Ive de Chartres, lettre 144, *loc. cit.*, p. 129. Sur la date de ces événements, voir Luchaire, *Louis VI le Gros*, Annales, n° 17, et Introduction, p. CLXIII. M. Luchaire nous semble d'ailleurs s'exagérer l'importance du serment prêté par l'héritier présomptif de la couronne.
7. Ive de Chartres, lettre 110, *loc. cit.*, p. 118.

dut se rendre compte que toute résistance était inutile pour le moment : il cherchait à ne pas blesser directement Philippe, sentant qu'il pourrait avoir besoin de son appui contre l'empereur, les antipapes et les ennemis qu'on lui suscitait, et au lieu d'agir énergiquement, comme le conseillait l'évêque de Chartres, il préféra temporiser : il donna à Galon la satisfaction de le sacrer évêque, puis l'envoya comme légat en Pologne (1102) [1].

Il cherchait peut-être par cette diversion à faire oublier la tension des rapports entre la France et le Saint-Siège. Ive, dans les deux lettres qu'il lui avait adressées peu de temps auparavant, lui avait parlé du projet formé par Philippe d'aller à Rome ou d'envoyer une ambassade auprès du pape, pour demander son absolution [2]. Pascal crut-il à la sincérité de ses intentions? Il se peut que cette attitude du roi de France (bien qu'elle nous inspire peu de confiance, vu le moment où il la prenait et son serment injurieux pour l'autorité romaine) l'ait impressionné et ait provoqué chez lui un désir de conciliation à tout prix.

Pendant deux ans encore, jusqu'en 1104, le siège de Beauvais resta inoccupé [3]. En dehors des affaires réglées au cours de la légation de Richard d'Albano (1102-1104), qui nous retiendra bientôt, ces deux années ne furent marquées que par la légation de Milon de Préneste, venu en 1103 pour rétablir la paix entre les monastères de Cluny et de Vézelai, d'une part, et, d'autre part, Norgaud, qui était appuyé par son protecteur Hugue de Lyon, rentré de Palestine [4]. Quant à Pascal, il n'eut guère à s'occuper du clergé de France que pour donner enfin une solution à l'affaire de Galon. Elle fut facilitée par la vacance qui se produisit à Paris, à la mort de l'évêque Foulque, le 8 avril 1104.

Galon, en effet, sacré, nous l'avons vu [5], évêque par le pape et revenu de Pologne, avait vainement cherché à se concilier la faveur du roi en investissant un des parents de ce dernier, nommé Eude, de l'église de Beauvais [6] : tenu par son serment, Philippe

---

1. Aussi Ive (lettres 145 146, dans les *Hist. de Fr.*, t. XV, p. 129-130) l'appelle-t-il, en 1104, « domnum Galonem Belvacensi ecclesiae consecratum » et le traite-t-il de « coepiscopus » (lettre 144, *loc. cit.*, p. 129).

2. Ive de Chartres, lettres 104 et 105, *loc. cit.*, p. 115-116.

3. Cf., sur les désordres de l'église de Beauvais à ce moment, la lettre 145 d'Ive de Chartres, adressée à l'archevêque Manassès (*loc. cit.*, p 129).

4. Voir ci-dessus, p. 16.

5. Ci-dessus, n. 1.

6. Luchaire, *Louis VI le Gros*, p. CLXV.

ne pouvait l'investir, et Manassès refusait toujours de le considérer comme évêque [1]. Sentant la situation intenable, Galon était retourné à Rome. C'est sur ces entrefaites que Foulque mourut. Aussitôt, Ive, ami de toutes les conciliations, entrevoit l'arrangement possible. Les conciles de Troyes et de Beaugency [2] vont s'ouvrir ; il fallait résoudre cette affaire pour que le roi pût recevoir l'absolution. Le serment de Philippe l'empêchait de laisser Galon s'installer à Beauvais : il n'y avait qu'à le nommer évêque de Paris. Ainsi le serment serait respecté, le pape satisfait, et l'on pourrait absoudre le roi. Pascal trouva un moyen de renvoyer Galon en France d'une manière quasi-officielle, en lui remettant une lettre ou en lui confiant une mission relative à la prochaine absolution de Philippe [3]. Il revint en France, dit le biographe de saint Anselme, Eadmer [4], muni d'une légation apostolique et d'un os de sainte Prisque ! Et presque aussitôt, les clercs de Paris l'élurent comme évêque en remplacement de Foulque (juillet 1104 environ) [5].

C'était une demi-défaite pour le roi ; mais c'en était une aussi pour le pape. Celui-ci attendit avant de ratifier ce choix jusqu'à l'année suivante, et hésita avant de consacrer évêque de Paris celui qu'il avait déjà consacré évêque de Beauvais. Ive lui demanda avec insistance d'autoriser ce transfert, qui devait enfin rendre la paix à l'Église de France et en particulier à celle de Beauvais. Il faisait ressortir que les rois Philippe et Louis y consentaient « par amour pour le pape », que les vœux du clergé et du peuple s'accordaient pour appeler Galon à Paris [6]. En même temps, il priait l'archevêque de Sens Daimbert [7] d'appuyer sa demande auprès de Pascal, cette translation devant se faire par le métropolitain sur dispense du pape.

1. Voir la lettre de reproche que lui écrit Ive de Chartres à ce sujet (lettre 145, *loc. cit.*, p. 129).

2. Voir ci-dessous, p. 39-42.

3. C'est ce qui ressort de cette phrase de la lettre 144 d'Ive de Chartres (*loc. cit.*, p. 129) : « Verba quae domno Galoni nostro coepiscopo injunxistis ».

4. Eadmer, *Historia novorum*, IV, et *Vita sancti Anselmi*, LV, éd. Rule, dans la Coll. du Maitre des rôles, p. 162 et 409.

5. L'élection est antérieure au concile de Beaugency, du 30 juillet 1104 ; car Galon y assista en qualité d'évêque élu (Sainte-Marthe, *Gallia christiana*, t. IV, p. 124).

6. Ive de Chartres, lettre 144, dans les *Hist. de Fr.*, t. XV, p. 129.

7. Ive de Chartres, lettre 146, *loc. cit.*, p. 130.

B. Monon. — *Pascal II et Philippe Ier*.   3

Galon dut rester en France au moins jusqu'au 2 décembre 1104, puisqu'il prit part à cette dernière date comme évêque de Paris au concile qui se tint alors dans cette ville [1]. Mais la consécration lui manquait encore, et il dut faire, pour l'obtenir du pape, un troisième voyage à Rome [2].

Cette fois, la paix était définitivement rendue à l'église de Beauvais, dont Étienne de Garlande était exclu [3]. Les clercs de Paris étaient reconnaissants à Pascal du nouvel évêque qu'il leur avait donné [4]. Et Galon pouvait enfin, sans être inquiété, occuper sa nouvelle charge, tandis que les clercs de Beauvais procédaient régulièrement et canoniquement à l'élection de Geoffroi de Pisseleu.

1. Cela ressort d'une lettre écrite le 2 décembre par Lambert, évêque d'Arras (*Hist. de Fr.*, t. XV, p. 197).

2. Pascal fit part de cette consécration au clergé de Paris et à l'archevêque de Sens Daimbert le 6 avril 1105 (Jaffé-Wattenbach, *Regesta*, n°s 6019 et 6020).

3. Cf. ci-dessous, livre II, 1re partie, chap. 2.

4. Voir la lettre de remerciement, qu'ils adressèrent alors à Pascal, dans les *Hist. de Fr.*, t. XV, p. 30.

CHAPITRE QUATRIÈME

I

Politique nouvelle.

Cependant la légation de Jean et de Benoît avait échoué. Le roi de France était excommunié ; mais les légats n'avaient rien obtenu et n'avaient de toutes parts rencontré qu'opposition. Les prélats français, à quelque parti qu'ils appartinssent, réformistes ou partisans du roi, par leur attitude en France ou par leurs relations à la cour de Rome, leur avaient fait échec. Qui Pascal allait-il choisir pour les remplacer ?

Il est probable qu'il y eut à ce moment en France un mouvement en faveur de Hugue de Lyon, mouvement dont Ive de Chartres se fit l'interprète auprès de Pascal II [1]. L'épiscopat français sentait-il le besoin d'avoir à ses côtés pour représentant du pape un homme énergique ? Préférait-il obéir à un Français qui connût mieux les besoins du clergé ? Nous avons déjà étudié cette question et examiné la lettre d'Ive de Chartres [2]. Le pape d'ailleurs ne l'écouta pas : s'il reconnaissait la faiblesse de Jean et de Benoît, faiblesse à laquelle il avait contribué pour une grande part en désavouant leur œuvre, il craignait l'autorité intransigeante de Hugue de Lyon, qui lui en avait encore assez imposé pour lui faire rapporter les mesures prises à Poitiers contre Norgaud. La situation du pape à Rome était assez précaire pour qu'il ne voulût pas indisposer le clergé français à son égard. Il craignait déjà assez l'Allemagne pour chercher peut-être à se réconcilier avec Philippe Ier. Il lui fallait un légat plus humain, plus souple que ne l'aurait été Hugue, pour donner un nouveau caractère aux relations entre la France et le Saint-Siège. La théorie du légat *a latere* trouvait une nouvelle justification

1. Ive de Chartres, lettre 109, dans *Hist. de Fr.*, t. XV, p. 118.
2. Ci-dessus, p. 9.

dans les désordres qui venaient de troubler Beauvais, Autun et Paris. Un Italien, étranger à nos querelles, pourrait garder plus d'impartialité au milieu de tant de corruption et de vénalité.

Philippe Ier semblait, de son côté, désirer une nouvelle politique. Sans parler des légendes répandues plus tard sur les déboires que lui aurait valus son excommunication, il était préoccupé par des embarras, des brouilles de famille auxquelles Bertrade n'était pas étrangère. C'est à ce moment en effet que naquit l'hostilité terrible qui mit aux prises le jeune Louis et sa marâtre. Bertrade, qui le haïssait, chercha sa perte en fabriquant une fausse lettre de Philippe destinée à faire arrêter le jeune prince en séjour chez le roi d'Angleterre. La manœuvre ayant échoué, Louis revint en France se plaindre à son père de ces procédés, et tous deux essayèrent mutuellement de se perdre. Les maléfices des clercs de Bertrade restèrent sans effet. Alors, elle tenta d'empoisonner le jeune prince ; mais celui-ci parvint à échapper à la mort grâce aux artifices d'un médecin de Barbarie. Et quand il fut remis, son père l'envoya dans le Vexin (1103), afin de l'éloigner de sa dangereuse belle-mère [1].

Ces affaires de famille avaient certainement éprouvé le roi et, bien que dans les troubles qui avaient désolé l'église de Beauvais il se fût montré hostile aux lois canoniques et aux intérêts supérieurs de l'Église, il manifesta le désir d'un rapprochement avec le pape ; il avait projeté un voyage à Rome [2], et dès cette époque (1101-1102), il était question de son absolution [3].

II

Affaires diverses.

Le prélat sur lequel le choix du pape s'arrêta fut Richard, cardinal d'Albano, ancien doyen de Saint-Étienne de Metz. Dès 1102, Richard était délégué par Pascal « dans les parties transal-

[1]. Luchaire, *Louis VI le Gros*, p. xxv et suiv.

2. Ive de Chartres, lettre 104 (*Hist. de Fr.*, t. XV, p. 115), écrit en 1101 au pape : « De caetero notum facio sanctitati vestrae quod Francorum rex Romam in proximo se venturum dicit ». Ive d'ailleurs n'y croit pas.

3. Ive de Chartres y fait allusion comme à une chose possible dans deux lettres écrites alors au pape (lettres 104 et 105, *loc. cit.*, p. 115-116). En rapprocher ce passage d'un fragment historique provenant de Fleury-sur-

pines »[1] avec des intentions de conciliation manifestes entre la
cour de Rome et la cour de France. Pendant plus d'un an, avant
d'aborder la grave question d'absolution, il s'occupa de différentes affaires qui surgirent dans l'administration du clergé
français. Quand il sentira le terrain assez sûr, son autorité assez
respectée pour tenter le grand revirement politique que désirait
son maître, il sera temps d'agir.

D'abord, c'est l'archevêque de Tours Raoul qui se plaint à lui
de l'attitude de Geoffroi, abbé de la Trinité de Vendôme. Fort de
ses privilèges d'exemption, Geoffroi prétendait ne recevoir d'ordres
de personne, sauf du pape, et revendiquait vis-à-vis du clergé
séculier une indépendance absolue. Déjouant les manœuvres de
son adversaire, il s'empresse d'écrire à Richard une lettre dans
laquelle, faisant l'ignorant, il se plaint de l'audace de son accu-
sateur et finit par inviter le légat à venir passer quelque temps
dans sa riche abbaye[2]. Bien que nous ignorions les circonstances
qui avaient provoqué ce conflit et la façon dont il fut — ou ne
fut pas — résolu, on connaît assez l'attitude que garda pendant
toute sa vie l'abbé de Vendôme vis-à-vis de l'épiscopat français,
pour croire que les plaintes de Raoul n'étaient pas dénuées
de fondement.

Les affaires de l'église de Chartres occupèrent ensuite le légat
Richard pendant une partie des années 1102 et 1103. L'évêque
Ive avait été accusé de simonie, et cette accusation, arrivant jus-

Loire : « Non post multum temporis, idem rex, corde compunctus, direxit
quosdam suorum Romam spondens papae pariturum sibi in quibuscumque
juberet, tantum ut absolvi mereretur » (*Hist. de Fr.*, t. XII, p. 5 C).

1. Hugue de Flavigny, *Chronic.*, dans les *Mon. Germ., Script.*, t. VIII,
p. 502 : « Anno ab incarnatione Domini 1101... legatus quoque in Burgundiam
et Franciam directus est Richardus Albanensis episcopus, primo S. Stephani
Mettensis ecclesiae decanus. »

2. Geoffroi de Vendôme, lettres, I, 17, dans les *Hist. de Fr.*, t. XV.
p. 278. Il est remarquable de voir avec quelle habileté Geoffroi de Vendôme, en lutte continuelle avec le clergé français, cherchait à se concilier
les mandataires du Saint-Siège. On l'a vu (ci-dessus, p. 17) recevoir à Vendôme les légats Jean et Benoît ; cette fois, il invite Richard ; quand Pascal II lui-même traversera la France, en 1107, il l'hébergera pendant plusieurs
jours. Ce côté de la politique de Geoffroi semble avoir échappé à M. Compain, dans son *Étude sur Geoffroi de Vendôme*. — Richard d'Albano eut à
intervenir encore entre Geoffroi de Vendôme et l'abbé de Saint-Jean-
d'Angély a propos d'une terre qu'ils se disputaient (Cf. Compain, *op. cit.*,
p. 224).

qu'aux oreilles du pape, devait avoir été particulièrement doulou-
reuse à l'intègre prélat. De faux rapports avaient été faits au
légat ; sur ses instructions, Pascal avait cru devoir intervenir en
personne. Par une bulle du 11 novembre 1102, il fit part à Ive
des bruits défavorables qui couraient sur son compte et il lui
renouvela ses ordres formels : interdiction de demander de l'argent pour la collation des prébendes et des bénéfices ecclésiastiques, interdiction aux clercs de mêler les autorités civiles aux
choses d'Église [1]. Ive ne donna sans doute pas au pape une réponse
suffisamment nette, ou ses adversaires s'acharnèrent à le calom-
nier ; car l'année suivante Richard d'Albano lui demanda des
explications [2]. La vérité était qu'à Chartres, comme dans toute
la France et même à Rome, le doyen de l'église percevait une
rétribution des chanoines récipiendaires, et Ive avait en vain
essayé de lutter contre cet abus, qu'un usage constant avait rendu
presque légal. Aussi l'affaire ne semble-t-elle pas avoir eu de
suites.

A Blois, où il passa alors [3], Richard eut à s'occuper d'une
autre question qui intéressait également l'église de Chartres.
Entre le clergé de cette ville et la comtesse de Blois Adèle, un
conflit assez violent s'était élevé, qui menaçait de s'éterniser : la
comtesse avait voulu faire entrer dans le chapitre de Chartres
des gens de basse naissance, des fils d'affranchis, probablement
les enfants de ses serviteurs ; le chapitre s'y était opposé, s'appuyant sur les statuts jurés par chacun des chanoines ; l'évêque,
Ive, avait soutenu ces derniers, « pour les mettre à l'abri d'un
parjure qui les aurait tous couvert de honte », et avait demandé
au pape de confirmer leurs statuts [4]. Au surplus, les chanoines
n'étaient pas unanimes ; les discussions sur ce sujet avaient jeté
parmi eux le trouble et la dissension, et Pascal avait dû leur
prêcher la concorde [5].

Adèle et ses gens étaient fort excités contre l'église de
Chartres. Ive se plaint que les sergents de la comtesse ont, à

1. Jaffé-Wattenbach, *Regesta*, n° 5922.
2. Voir la lettre écrite peu après par Ive à Richard (lettre 133, dans les
Hist. de Fr., t. XV, p. 125).
3. Voir la lettre citée à la note précédente.
4. Voir la lettre 126 d'Ive de Chartres, *loc. cit.*, p. 123.
5. Par une lettre du 23 novembre, peut-être de l'année 1103 (Jaffé-
Wattenbach, *Regesta*, n° 6420).

Châteaudun et à Bonneval, saisi du blé appartenant à l'église et du vin appartenant au chantre Audouin [1]. Enfin la comtesse avait dû intervenir dans les discussions des chanoines ou du moins laisser intervenir ses vassaux, qui avaient forcé les portes du cloître capitulaire [2].

Le roi Philippe avait offert sa protection au chapitre et à Ive et fait inviter ce dernier par son fils Louis à venir le trouver. Mais Ive, ne voulant pas compromettre sa cause en favorisant l'ingérence du pouvoir laïque, avait répondu qu'il attendrait la décision du légat, seul juge en cette matière [3].

En fin de compte, ce ne fut d'ailleurs pas Richard d'Albano qui parvint à réconcilier les parties. Ive, qui craignait qu'à Blois, sur les domaines de la comtesse Adèle, ses clercs ne fussent pas en sûreté, avait écrit pour demander que la réunion eût lieu ailleurs [4] et peut-être ne réussit-on pas à se mettre d'accord sur ce point. En tout cas, le débat ne fut définitivement tranché qu'après que Pascal lui-même, sur l'intervention de saint Anselme, se fut décidé à s'occuper lui-même de l'affaire et à accorder, avec le consentement d'Ive [5], une dérogation aux statuts du chapitre de Chartres en faveur des enfants des gens de la comtesse, à la condition que ces enfants seraient de naissance légitime [6].

III

Conciles de Troyes et de Beaugency.

Pendant que Richard d'Albano parcourait ainsi la France [7], Philippe avait cherché à se concilier la faveur de Rome. Sa tentative avortée d'intervention en faveur d'Ive de Chartres contre

1. Ive de Chartres, lettre 121, *loc. cit.*, p. 122.
2. *Id.*, lettres 132 et 133, *loc. cit.*, p. 125.
3. *Id.*, lettre 127, *loc. cit.*, p. 124. — Cf. Luchaire, *Louis VI le Gros*, Annales, n° 23.
4. *Id.*, lettre 133, *loc. cit.*, p. 125.
5. *Id.*, lettre 147, *loc. cit.*, p. 130.
6. *Id.*, lettre 134, *loc. cit.*, p. 126. L'intervention de saint Anselme est signalée par une variante de cette lettre qu'édite dom Brial, *ibid.*, p. 126, note *b*. Cf. Luchaire, *Louis VI le Gros*, Annales, n° 23.
7. En Flandre, où il ne pouvait se rendre, Richard intervint par correspondance pour prier le comte Robert d'appuyer l'évêque d'Arras contre ses clercs rebelles (*Hist. de Fr.*, t. XV, p. 196).

Adèle, ne l'avait pas découragé. Il avait trouvé un terrain de conciliation à Beauvais où, le 19 janvier 1104, le prince Louis avait conclu un traité de paix avec les chanoines de Saint-Pierre [1], signe de rapprochement avec Ive lui-même, qui avait été autrefois un des leurs et qui intriguait depuis longtemps pour que la paix leur fût rendue.

Non seulement cette réconciliation aida beaucoup à résoudre l'affaire de Galon par le compromis que nous avons rapporté plus haut [2], mais devant ces témoignages manifestes du bon vouloir du roi, Richard d'Albano crut le moment venu de réunir un concile pour statuer sur l'excommunication qui pesait encore sur ce dernier. Le 2 avril 1104, il convoqua les évêques, archevêques et abbés à Troyes. Sous la présidence du légat, siégèrent Manassès de Reims, Manassès de Soissons, Hugue de Chalon, Daimbert de Sens, Ive de Chartres, Jean d'Orléans, Raoul de Tours, Marbeuf de Rennes et d'autres encore [3]. Ive avait été spécialement convoqué à ce concile ; mais, se rappelant les mésaventures qui lui étaient arrivées une dizaine d'années auparavant, lorsque Philippe l'avait fait saisir et jeter en prison, il avait eu la prudence de demander au cardinal-légat de lui fournir deux sauf-conduits, l'un du roi, l'autre de la comtesse Adèle [4].

Les prélats une fois réunis, on s'occupa d'abord des affaires intérieures de l'Église : Hubert, évêque de Senlis, était accusé d'avoir vendu les ordres sacrés. Les preuves et témoignages faisant défaut au dernier moment, il se purgea par serment et ne fut plus inquiété [5]. Puis on approuva et l'on confirma l'élection du nouvel évêque d'Amiens : Godefroi, abbé de Nogent-les-Vierges, prélat honnête et intelligent, avait été élu sans contes-

1. Luchaire, *Louis VI le Gros*, Annales, n° 28.
2. Ci-dessus, p. 33.
3. La date de cette assemblée et les noms des prélats qui y assistèrent nous sont fournis par deux chartes du comte de Troyes Hugue, en faveur de l'abbaye de Molesmes et de l'église Saint-Pierre de Troyes (Labbe, *Concilia*, t. X, col. 740).
4. Ive de Chartres, lettre 141, dans les *Hist. de Fr.*, t. XV, p. 128. — La comtesse Adèle devait être bien redoutable ; car Hildebert de Lavardin, évêque du Mans, prit prétexte du sauf-conduit qu'elle avait accordé à Ive pour lui en demander un pour lui aussi afin de pouvoir se rendre au concile. Voir sa lettre de demande dans le recueil de ses lettres, III, 8 (*Hist. de Fr.*, t. XV, p. 316.
5. Ive de Chartres, lettre 258, dans les *Hist. de Fr.*, t. XV, p. 165.

tation, sans trace de simonie. Bien plus, le roi Philippe, loin
de chercher en ce grave moment à troubler l'ordre et les institutions ecclésiastiques, avait donné son assentiment et marqué
avec intention le plaisir que lui faisait la nomination de cet
homme intègre [1]. Enfin Arnaud, abbé de Saint-Pierre-le-Vif, fit
déposer Joubert, doyen de Mauriac et moine de la Chaise-Dieu [2],
et après avoir confirmé deux donations du comte Hugue de Troyes [3],
on se sépara sans aborder la question de l'absolution du roi.

Le 30 juillet suivant, à Beaugency, une nouvelle assemblée,
où figuraient notamment Daimbert, archevêque de Sens, Ive,
évêque de Chartres, Galon, évêque de Paris, le comte de Nevers
Guillaume et Robert d'Arbrissel, se réunit sous la présidence
de Richard [4], afin de procéder à cette absolution « suivant les
lettres pleines de modération du seigneur pape » [5]. Le roi était
venu en personne avec Bertrade au concile, tous deux disposés à
jurer sur les saints évangiles qu'ils n'auraient plus aucun commerce, qu'ils ne s'adresseraient plus la parole, « si ce n'est en
présence de témoins non suspects, jusqu'à ce qu'ils eussent
obtenu du pape la dispense de vivre ensemble ». Pascal avait
donné à Richard des instructions, d'après lesquelles, avant
d'accorder l'absolution, il devait prendre conseil « des personnes
instruites ». Aussi celui-ci voulait-il s'en remettre à l'avis des
prélats. Mais la restriction apportée au serment du roi les
embarrassait tous, et les évêques, n'osant se prononcer, voulaient, de leur côté, s'en remettre à la décision du légat. Certains cependant avouaient que cette restriction apportée par le
roi à son serment empêchait l'absolution ; d'autres soutinrent
le contraire. Le temps passait, le roi tempêtait et se plaignait de
l'injure qui lui était faite. Et dans l'incertitude générale, le concile se sépara sans avoir rien résolu [6].

1. Voir la *Vie* de Godefroi par Nicolas de Soissons, dans les *Hist. de Fr.*,
t. XIV, p. 175 et cf. sur la personne de Godefroi, Guibert de Nogent, *De
rita sua*, II, 2, éd. Bourgin (*Coll. de textes pour servir à l'étude et à l'enseign.
de l'histoire*), p. 109.

2. Clarius, *Chronicon S. Petri Senonensis*, dans les *Hist. de Fr.*, t. XIV,
p. 153.

3. Cf. ci-dessus, p. 40, n. 3.

4. Voir une charte pour l'église de Beaugency dans Sainte-Marthe, *Gallia christiana*, t. IV, p. 124.

5. Ive de Chartres, lettre 144, dans les *Hist. de Fr.*, t. XV, p. 129.

6. Tout ce récit nous est donné par Ive de Chartres (lettre citée à la
note précédente).

Philippe, désolé de voir la tournure qu'avaient pris les événements, supplia Pascal de le traiter avec cette modération qu'il avait recommandée à son légat. Ive de Chartres lui-même, qui jadis avait tant eu à souffrir de ce roi simoniaque et vindicatif, avait accepté d'intercéder pour lui, et, dans une lettre qu'il écrivit alors au pape pour lui raconter tous ces événements, il lui demanda d'user d'indulgence envers les faiblesses de Philippe, et de penser avant tout au bien et à la paix de l'Église et à l'état critique où l'excommunication royale avait plongé la France [1]. Arguments qui auraient laissé insensible un Urbain II, mais qui devaient certes impressionner un pape comme Pascal, persuadé que le bien de l'Église pouvait être réalisé plutôt par la paix et la conciliation que par la lutte et par la haine.

Le 5 octobre 1104, Pascal répondit en effet à la lettre d'Ive par une bulle adressée aux archevêques et évêques des provinces de Sens, Tours et Reims [2]. Richard avait été rappelé : sans considérer son échec comme une faute, sans en vouloir à son légat, irresponsable, somme toute, de ce qui était arrivé, Pascal chargeait ces prélats de remettre le soin de la cérémonie d'absolution à Lambert, évêque d'Arras, et leur envoyait la formule même du serment que devaient prêter Philippe et Bertrade.

IV

Concile de Paris. Absolution du roi.

Philippe convoqua aussitôt archevêques et évêques à Paris pour le 2 décembre [3]. Lambert, représentant du pape, y parut entouré de Daimbert, archevêque de Sens, de Raoul, archevêque de Tours, d'Ive, évêque de Chartres, de Jean, évêque d'Orléans, d'Hombaud, évêque d'Auxerre, de Galon, évêque de Paris, de Manassès, évêque de Meaux, de Baudri, évêque de Noyon et de Hubert, évêque de Senlis. Après avoir lu les lettres pontificales, les prélats déléguèrent deux d'entre eux, Galon et Jean,

---

1. Ive de Chartres, *ibid*.
2. Jaffé-Wattenbach, *Regesta*, n° 5979.
3. Voir la lettre de convocation adressée par Philippe à l'évêque d'Arras Lambert, qui était le grand maître de la cérémonie, dans les *Hist. de Fr.*, t. XV, p. 197.

pour aller demander à Philippe s'il consentait à jurer ce que
demandait le pape. Sur sa réponse affirmative, le roi fut intro-
duit, pieds nus, dans une posture dévote et humiliée, devant
l'assemblée, et sur les évangiles, reprit le serment formulé par
le pape « de ne plus avoir de commerce avec Bertrade, de ne
plus lui adresser la parole si ce n'est devant témoins ». Bertrade
prononça le même serment, et Lambert leur donna l'absolution [1].

Ainsi se terminait ce conflit qui, depuis Grégoire VII, avait
séparé la cour de Rome et la cour de France. Le pape pourra
désormais demander au roi absous son appui pour résister à
l'empereur. Des relations presque amicales s'établiront même
entre eux. Philippe mettra moins d'âpreté dans le négoce des
bénéfices ecclésiastiques, entravera moins souvent le jeu libre
des institutions canoniques. Ce sera un avantage au point de vue
réformiste. Sans doute, il reprendra bientôt son « commerce »
avec Bertrade, et Pascal ne l'ignorera probablement pas. Mais en
sage politique, le pape préférera fermer les yeux sur ce qu'il ne
pourra empêcher, satisfait par ailleurs d'un état de choses profitable à l'Église de France et d'une alliance qui fortifiera sa propre
situation.

---

1. Voir la lettre par laquelle Lambert rend compte de la cérémonie dans
les *Hist. de Fr.*, t. XV, p. 197. Pour la date (2 décembre 1104), voir *ibid.*,
note *a*.

CHAPITRE CINQUIÈME

I

*Affaires diverses. Le roi très chrétien et le divorce de Constance
à l'assemblée de Soissons.*

Après le départ de Richard d'Albano, la paix semble bien
affermie entre la France et le Saint-Siège : plus de conflits et
même pas d'affaires graves nécessitant l'intervention du pape
dans la politique religieuse de la France pendant l'année 1105 et
jusqu'en mars 1106, date à laquelle commence la légation de
Bruno de Segni. Il semble même que, pendant cet intervalle,
Hugue de Lyon ait pu exercer à nouveau, avec l'assentiment du
pape, ses fonctions de légat : on le voit du moins prendre le
titre d' « apostolicae sedis legatus » dans une sentence qu'il prononça, le 31 mars 1106, au profit du monastère de Saint-Bénigne
de Dijon [1].

Le pape cependant restait personnellement en relations avec
le clergé de France. Il favorisait la jeune abbaye de Fontevrault [2], recommandait à l'évêque de Beauvais l'abbaye de
chanoines de Saint-Quentin contre les violences des clercs
de Beauvais [3], essayait d'apaiser l'éternelle querelle qui divisait l'abbaye de Remiremont et les chanoines de Chaumoussey [4], pressait l'évêque d'Arras Lambert de prononcer un jugement entre Herbert et Lanfroi, qui se disputaient la direction
de l'abbaye de Samer [5], lui donnait ordre de lever les excommu-

---

1. *Hist. de Fr.*, t. XIV, p. 797 *A*, note *a*. Hugue ne tarda pas à mourir :
il succomba le 7 octobre 1106, en se rendant au concile de Guastalla. Cf.
Lühe, *Hugo von Die und Lyon*, p. 115-118.
2. Jaffé-Wattenbach, *Regesta*, n° 6034 (25 avril 1105).
3. *Ibid.*, n° 6062 (1105).
4. *Ibid.*, n° 6007 (6 février 1105).
5. *Ibid.*, n° 5976 (25 avril 1104).

nications qui pesaient sur certains clercs [1] ; enfin c'était aux archevêques, évêques, abbés, princes et chevaliers de la Gaule qu'il
s'adressait pour leur conter sa lutte contre le duc Garnier, que
lui opposaient les impériaux, et sa victoire finale [2].

D'autre part, le rétablissement des bonnes relations entre la
cour de Rome et le roi de France permirent à ce dernier de
régler au gré de ses intérêts la situation de sa fille Constance en
faisant casser le mariage qui l'unissait à Hugue, comte de Troyes.
Il invoqua, comme de juste, des liens de parenté qui rendaient
cette union incestueuse aux yeux de l'Église. Ive de Chartres,
arbitre suprême en droit canon, négocia cette affaire : la réunion
d'une assemblée solennelle de nobles et de prélats, où le roi
devait prendre la parole, fut décidée. Ive fut chargé d'y inviter
Hugue de Lyon et le pria d'y convoquer les évêques, en leur
donnant des instructions détaillées. L'assemblée s'ouvrit à Soissons le 25 décembre 1104 ; naturellement, elle conclut à la rupture du mariage, laissant ainsi le champ libre à une nouvelle
union, plus glorieuse, avec Bohémond, prince d'Antioche, qui,
dès le mois de septembre suivant, quittait l'Orient pour venir
réaliser ces projets [3].

II

Légation de Bruno de Segni.
Le concile de Poitiers et la croisade.

Le pape voulut profiter de la présence de Bohémond en France
et des dispositions favorables du roi pour entreprendre une œuvre
grandiose et susciter une nouvelle croisade.

Son premier soin, en arrivant au pouvoir, avait été de rappeler aux Français, au milieu desquels la première croisade avait
été prêchée et d'où était sorti tout le grand mouvement provoqué par son prédécesseur, le devoir pressant qui les appelait en

1. Jaffé-Wattenbach, *Regesta*, n° 6000 (5 décembre 1104).
2. *Ibid.*, n° 6054 (26 novembre 1105).
3. Ive de Chartres, lettre 158, dans les *Hist. de Fr.*, t. XV, p. 135, et cf.
Luchaire, *Louis VI le Gros*, Annales, n° 30.

Orient. Une lettre qu'il avait adressée presque au lendemain de son avènement aux évêques et aux abbés de Gaule était non seulement une exhortation à aller en Terre Sainte, mais aussi un blâme à l'égard de ceux qui n'y étaient pas·allés, après en avoir pris l'engagement, ou de ceux qui avaient honteusemeut abandonné le siège d'Antioche [1]. La situation était critique [2]. Il fallait réveiller les enthousiasmes déjà endormis. Les efforts faits dans ce sens par Hugue de Lyon au moment de son départ en Palestine, en 1101 [3], l'empressement mis par les croisés à faire part de leurs succès aux prélats français [4] étaient insuffisants. Bohémond venait demander du secours : Pascal comprit que le moment était venu d'intervenir encore une fois et il envoya en France un nouveau légat, Bruno évêque de Segni [5].

Les efforts de Pascal ne furent malheureusement couronnés que d'un médiocre succès. Après avoir assisté à Chartres au mariage de Bohémond [6] et après avoir peut-être aussi tenté à Rouen, en compagnie de ce prince, de gagner les Normands à l'idée de croisade [7], Bruno ouvrit à Poitiers un concile (26 mai 1106), où il prêcha contre les infidèles, contre les perfidies de l'empereur Alexis. Mais l'enthousiasme sur lequel comptaient le pape, son légat et Bohémond ne souleva pas les foules comme dix ans auparavant et quand, après avoir réglé quelques menues affaires [8], le concile se sépara [9], la cause de la croisade n'avait gagné qu'un

1. Jaffé-Wattenbach, *Regesta*, n° 5812.
2. Voir la lettre adressée au pape et à l'église d'Occident par les évêques d'Orient, indiquée dans les *Hist. de Fr.*, t. XV, p. 20.
3. Voir Lühe, *Hugo von Die und Lyon*, p. 135.
4. Ainsi, en septembre 1100, Baudouin, roi de Jérusalem, écrit à l'archevêque de Reims Manassès pour lui raconter les exploits de Godefroi de Bouillon. (Riant, *Inventaire critique des lettres historiques des croisades*, dans le t. I des *Archives de l'Orient latin*, n° 157).
5. Sur ce personnage, voir Gigalski, *Bruno, Bischof von Segni ; sein Leben und seine Schriften, 1049-1123*, Münster, 1898, in-8°.
6. Cf. Luchaire, *Louis VI le Gros*, Annales, n° 36, à la date de 1106, entre le 25 mars et le 26 mai.
7. Eadmer, *Historia novorum*, IV, éd. Rule, dans la Collect. du Maître des rôles, p. 179.
8. Il mit fin notamment à un différend entre l'évêque du Mans et l'abbaye de Marmoutier (*Hist. de Fr.*, t. XIV, p. 119) et chargea l'archevêque de Tours de trancher un autre différend qui existait entre l'église de Nantes et les moines de Tournus (*Ibid.*, p. 810).
9. Sur le concile de Poitiers, voir la *Chronique de Saint-Maixent*, dans Marchegay et Mabille, *Chroniques des églises d'Anjou*, p. 423 (y mettre un

nombre restreint de nouveaux adeptes. Au fond, Bruno avait échoué.

Il devait être rappelé vers la fin de l'année 1106, et Pascal, sentant en Italie sa situation chaque jour plus menacée par l'empereur, s'apprêta à venir en personne chercher auprès de Philippe l'appui dont il avait besoin.

point avant « septimo kalendas » et une virgule après « junii »), et Suger, *Vie de Louis le Gros*, IX, éd. Molinier, p. 23.

CHAPITRE SIXIÈME

I

L'affaire de Laon : Gaudri.

Après avoir, du vivant de son père, flatté les espérances du pape, le jeune Henri V n'avait pas tardé, en effet, à changer d'attitude du jour où il était parvenu au pouvoir [1]. Des troubles qui avaient éclatés à Vérone avaient suffi à éclairer l'esprit du pontife sur les véritables intentions du nouvel empereur [2]. Averti des dangers qu'il courrait s'il se rendait auprès de lui, comme il l'avait d'abord promis, Pascal, laissant Henri l'attendre à Augsbourg, avait brusquement quitté la route d'Allemagne et, se dirigeant vers la Bourgogne en compagnie de Richard d'Albano, était arrivé à Cluny avec une suite imposante pour la fête de Noël 1106 [3].

Ce voyage de Pascal ne ressemblait en rien à une fuite désespérée : peu sûr des sentiments de Henri, le pape se mettait sur ses gardes, cherchait une alliance ; rien de plus [4]. Aussi bien ce voyage fut-il fort brillant. Après avoir circulé plus d'un mois en Bourgogne, consacrant des églises et confirmant des privilèges, il gagna Beaune le 12 février et arriva le 16 à Dijon [5]. Il y trouva des envoyés de Gaudri, le nouvel évêque-élu de Laon, qui espé-

---

1. Voir sur les rapports de Pascal II avec Henri V le livre de Giesebrecht, *Geschichte der deutschen Kaiserzeit*, t. III, p. 747-857.

2. Ekkehard d'Aura, *Chronicon Urspergense*, dans les *Mon. Germ., Script.*, t. VI, p. 241.

3. Jaffé-Wattenbach, *Regesta*, t. I, p. 727.

4. Guibert de Nogent s'est plu néanmoins à comparer Pascal aux papes Étienne et Adrien et le roi Philippe à Pépin et à Charlemagne (cf. Bernard Monod, *Le moine Guibert et son temps*, p. 241). Pascal lui-même, au dire de Suger, fit devant Philippe cette comparaison (voir ci-dessous, p. 53-54).

5. Jaffé-Wattenbach, *Regesta*, n°s 6113-6124.

rait obtenir la consécration pontificale et faire ainsi oublier le caractère scandaleux de sa nomination [1].

Ce n'était pas la première fois que Pascal avait à s'occuper de cette affaire. Après la mort de l'évêque Enguerrand, le roi Philippe avait jugé bon et surtout profitable de laisser l'évêché de Laon vacant pendant deux ans. Il avait ainsi bénéficié des droits de régale tout en se préparant à toucher une forte commission sur la prochaine élection. A la première réunion du corps électoral, les voix s'étaient portées sur deux archidiacres de l'église de Laon : Gautier et Ébal. On s'était fort disputé et, faute de s'entendre, on avait nommé deux évêques au lieu d'un. Or Gautier, s'il était brillant chevalier, n'avait pas reçu les ordres de la cléricature, et Ébal était « publiquement accusé d'incontinence dans l'amour des femmes ». Le pape les avait fait écarter tous deux comme indignes, et son autorité avait été respectée. On avait vu surgir alors un troisième candidat, qui, « courant au plus pressé », s'était rendu à la cour royale et avait acheté « par de magnifiques cadeaux » l'appui du roi Philippe. Il s'attendait à être nommé le dimanche suivant, quand « Dieu, qui se plaît à tendre de tels pièges à de tels hommes et à les renverser au moment où ils sont le plus élevés, l'avait frappé d'une maladie mortelle ». Et ce dimanche même où il s'était flatté de recueillir la majorité des suffrages, ç'avait été son cadavre qu'on avait apporté dans l'église.

C'est alors que, par l'influence du noble et puissant chevalier Enguerrand de Boves, « le référendaire du roi des Anglais, Gaudri, qu'on disait fort riche en or et en argent », avait été nommé évêque. Riche en effet et dénué de scrupules, Gaudri, chasseur et soldat plus que clerc, n'avait aucun titre aux fonctions épiscopales. Aussi, pour donner à ce choix l'apparence de la légalité, lui avait-on conféré à la hâte le titre de sous-diacre avec un canonicat dans l'église de Rouen. Anseau, doyen de l'église de Laon, avait seul osé protester contre cette élection scandaleuse. L'austère Guibert lui-même, abbé de Nogent-sous-

---

1. Pour toute cette affaire nous suivons le récit de Guibert de Nogent, *De vita sua*, III, 4, éd. Bourgin (*Coll. de textes pour l'étude et l'enseign. de l'histoire*), p. 137 et suiv. (cf. Bernard Monod, *Le moine Guibert et son temps*, p. 110 et suiv.). Guibert de Nogent est ici un témoin admirablement informé puisqu'il fut même un des acteurs du drame.

Coucy, avait, par faiblesse ou par lâcheté, donné son assentiment à ce choix qu'il désapprouvait au fond.

Gaudri, craignant l'influence d'Anseau et un revirement chez Guibert, avait alors voulu, pour s'imposer sans contestation au peuple et au clergé laonnais, se faire recevoir et consacrer par le pape. La cour du roi d'Angleterre avait été pour l'élu de Laon une école de politique et de diplomatie : pour l'accompagner dans ce voyage à Rome, il avait choisi le moine hésitant et timide qui n'avait pas eu le courage de s'opposer à l'action des autres, mais dont il devinait l'hostilité. L'honnête abbé de Nogent, laissé dans son monastère seul avec ses réflexions et ses remords, peut-être encouragé par Anseau, eût pu préparer, sinon une campagne contre l'évêque simoniaque, du moins un mouvement défavorable ; il eût pu décider une partie du clergé et du peuple à résister à cet intrus : il fallait se l'attacher. Et quelle plus grande marque d'estime, quelle meilleure flatterie pour sa vanité, que d'être choisi pour accompagner un évêque auprès du souverain pontife ? Le bonheur de voir la Ville Éternelle, l'intimité du voyage, les bons procédés dont il saurait le combler durant ces pérégrinations devaient le lui rendre dévoué et en faire presque un complice. Gaudri lui avait adjoint deux lettrés éminents, Adalberon, abbé de Saint-Vincent, et l'abbé de Remiremont ; et tous les quatre, avec une suite imposante de clercs de Laon, s'étaient dirigés vers l'Italie aux frais du riche Gaudri.

Arrivés à Langres, ils avaient appris que le pape n'était plus à Rome, mais qu'il venait précisément en France faire visite au roi Philippe. Ils avaient alors décidé de l'attendre dans cette ville, qu'il devait traverser pour se rendre auprès du roi, et avaient délégué à Dijon au-devant de lui quelques-uns des clercs de Laon tout dévoués à Gaudri. Ils avaient pour mission de préparer l'affaire, de prévenir le pape et surtout de travailler les officiers de son palais, tous les camériers, secrétaires et domestiques de sa suite, qui sauraient mieux que personne influencer le jugement du Saint-Père. Il n'était que temps ; les oreilles pontificales avaient déjà entendu une énergique protestation : Anseau s'était plaint qu'on eût admis à l'évêché de Laon un homme qui n'avait même pas reçu les ordres, un simoniaque, un bâtard ; l'argent avait tout fait, et les lois canoniques avaient été honteusement violées.

Pour persuader les officiers du pape, les clercs de Laon firent miroiter à leurs yeux les abondantes richesses de Gaudri ; et ceux-là aussitôt de se féliciter et de se concerter pour l'appuyer de leurs éloges et de leur influence, « car c'est leur usage de s'apprivoiser dès qu'ils entendent résonner le nom de l'or ». Ainsi, c'est dans l'entourage même du pape réformateur, du pape ennemi de la simonie que l'on découvrait les âmes les plus cupides et les plus vénales. C'est la cour même de Rome qui ne demandait qu'à se laisser acheter et à perpétrer ce crime de simonie.

Le lendemain de son arrivée à Langres (25 février) [1], le pape réunit les évêques, les cardinaux, les dignitaires italiens de sa suite et les clercs français qui se trouvaient dans la ville. Devant cette respectable assemblée, il se fit lire le petit mémoire que Guibert de Nogent avait composé sur l'élection de Laon, mémoire « dans lequel il était parlé assez bien, et même mieux qu'il n'aurait fallu, avoue Guibert lui-même, de la vie et des mœurs du nouvel évêque ». Puis on procéda à l'interrogatoire. Les clercs de Laon, incapables de parler latin, s'abstinrent de prendre part à la discussion : ils évitaient ainsi des mensonges probables, satisfaits sans doute d'apporter leur tacite consentement à tout ce qui s'était passé. Pascal alors, se tournant vers les abbés, leur demanda pourquoi ils avaient choisi un homme qui leur était inconnu. « Comme ceux-ci gardaient le silence, raconte Guibert, on commença de droite et de gauche à me presser de parler ; intimidé par ma jeunesse, et craignant d'être taxé de témérité pour oser prendre la parole dans une telle assemblée et sur un si grave sujet, je ne pus qu'à grand'peine et en rougissant me résoudre à ouvrir la bouche. Comme on discutait en latin, je m'attachai, avec une grande confusion d'esprit et de visage, à parler d'une manière qui convînt au goût de celui qui m'interrogeait : enveloppant de louanges, arrangées avec art, des expressions mitigées, mais qui ne s'éloignaient pas entièrement de la vérité, je dis que nous ne le connaissions pas, il est vrai, personnellement, mais que nous avions reçu des rapports très favorables sur son intégrité ». Comme le pape n'objectait rien au sujet de la pression exercée sur le clergé de Laon par la cour du roi et paraissait

---

1. Le premier acte du pape, délivré dans cette ville, est du 24 février (Jaffé-Wattenbach, *Regesta*, n° 6125).

accepter les explications qui lui étaient données, Guibert se contenta d'accueillir docilement les paroles du pontife, « ce qui lui plut fort, car il était moins lettré qu'il n'eût convenu à sa haute dignité », jugement sévère par lequel Guibert voudrait faire rejaillir sur l'éminent pontife un peu de la honte dont il se sent pénétré. Il vit d'ailleurs le peu de succès qu'auraient toutes les belles phrases préparées dans son esprit : aussi s'étendit-il sur les nécessités pressantes où l'on était de choisir un évêque, puis il balbutia que Gaudri était bien sous-diacre, attaché à l'église de Rouen et de naissance légitime. Le pape n'approfondit rien ; il opposa quelques objections, parce qu'Anseau était là ; mais son siège était fait et toute discussion devenait inutile. Les prélats se mirent ensuite, « pour la forme et comme par badinage », à appuyer qui le pape, qui Guibert, si bien qu'Anseau lui-même faiblit et, éclairé enfin sur les largesses par lesquelles l'évêque s'était concilié l'entourage pontifical, abandonna l'accusation. On amena Gaudri : reconnu digne de l'épiscopat, il fut oint par le Saint-Père lui-même, dans l'église de Saint-Rufin, et par une singulière coïncidence, où Guibert vit un présage d'en haut, le texte de l'évangile du jour portait ce verset : « Votre âme sera percée par une épée » [1].

II

L'entrevue de Saint-Denis.

Tout le monde satisfait, la cour pontificale rassasiée, Gaudri tranquillisé, le pape put poursuivre son voyage et se diriger vers l'ouest. Le 8 mars, il arriva à la Charité-sur-Loire, où il séjourna plusieurs jours [2] et où Philippe Ier lui envoya son sénéchal pour l'assurer de son dévouement [3]. De là, il gagna Déols [4], puis alla, le 24 mars, s'installer à Tours [5]. Il quitta cette ville le 2 avril pour aller à Marmoutier [6] ; le 3, il arriva à l'abbaye de la Trinité de

1. Luc, II, 35.
2. Jaffé-Wattenbach, *Regesta*, t. I, p. 729.
3. Suger, *Vie de Louis le Gros*, IX, éd. Molinier, p. 25
4. Jaffé-Wattenbach, *Regesta*, n° 6127.
5. *Ibid.*, n°s 6127 et suiv.
6. *Ibid.*, n° 6129.

Vendôme, où il demeura jusqu'au 14 [1]. Le monastère exempt devait être en fête. Geoffroi recevait le seul homme qu'il considérât comme supérieur à lui-même. Cette marque intentionnelle d'estime donnée par le pape à l'abbé devait resserrer les liens qui rattachaient celui-ci à Rome et le dégageaient du pouvoir royal et épiscopal.

Pascal ne pouvait se dispenser, au cours de ce voyage, d'aller rendre visite à son fidèle ami Ive, évêque de Chartres. Chartres, d'ailleurs, était sur le chemin de Paris. Le pape y arriva pour la fête de Pâques [2]. Le malheureux Ive fut fort troublé par cette visite. Comme il l'avoue naïvement dans une lettre adressée plus tard au pape, « le concours de peuple attiré par la présence du souverain pontife à Chartres, l'affairement auquel donnaient lieu les cérémonies et les réceptions l'empêchèrent de se purger, alors que c'était précisément l'époque du mois à laquelle il avait coutume de se livrer à cette hygiénique médication » [3].

Enfin, ayant quitté Chartres, Pascal, à la fin du mois, arriva à l'abbaye de Saint-Denis [4], où il édifia par sa piété le pieux Suger qui ne demandait pas, comme Guibert de Nogent, au souverain pontife, des qualités de lettré et d'humaniste. « Glorieusement et épiscopalement reçu, dit-il, le pape donna aux fidèles un exemple unique, rare, insolite : il ne daigna pas admirer, ni même regarder l'or, l'argent et les trésors de Saint-Denis ; humblement prosterné devant les saintes reliques, il fondait en larmes et s'offrait lui-même en holocauste à Dieu et aux saints » [5].

C'est à Saint-Denis que Pascal rencontra Philippe et son fils, le jeune roi désigné Louis. Ceux-ci « inclinèrent très bas la majesté royale devant les pieds du Saint-Père », et Pascal les relevant, les traita de « fils très pieux des papes ». Ils s'entretinrent ensemble de l'état de l'Église, et le pontife, par une douce flatterie, leur demanda aide et conseil, les comparant au glorieux

1. C'est le seul moment où, d'après l'itinéraire de Jaffé-Wattenbach, puisse se placer un séjour du pape à Vendôme. Sur ce séjour, voir Compain, *Étude sur Geoffroi de Vendôme*, p. 270.

2. Orderic Vital, X, 1, éd. Le Prévost, t. IV, p. 4. — Cf. Jaffé-Wattenbach, *Regesta*, n° 6129.

3. Ive de Chartres, lettre 175, dans les *Hist. de Fr.*, t. XV, p. 139-140.

4. Il y était le 30 avril (Jaffé-Wattenbach, *Regesta*, n° 6431).

5. Suger, *Vie de Louis le Gros*, IX, éd. Molinier, p. 25.

Charles et aux anciens roi de France qui avaient soutenu la papauté aux heures de crise [1].

C'est aussi probablement à Saint-Denis même que Pascal régla le différend qui avait mis aux prises l'évêque de Paris Galon et l'abbé de Saint-Denis Adam. Ce dernier prétendait pouvoir demander le chrême et l'huile « sans la licence du diocésain » et faire consacrer ses moines par n'importe quel évêque. Galon, qui avait été déjà à la Charité-sur-Loire entretenir Pascal de cette affaire, s'était plaint à lui qu'Adam ne respectât pas ses prérogatives et n'observât pas la soumission qu'il devait à l'ordinaire. Suger dit, à ce propos, que le pape donna satisfaction à l'abbé contre l'évêque [2]. En ce cas, il ne tarda pas à revenir sur sa décision: car, dans une lettre qu'il adressa en 1107 à Adam et aux moines de Saint-Denis, il donna raison à Galon et traita d'anticanoniques les prétentions des moines [3].

III

L'entrevue de Châlons.

De Saint-Denis, Pascal, accompagné de nombreux prélats français et des rois Philippe et Louis, avec lesquels il s'était concerté sur la conduite à suivre, se rendit à Châlons, où il avait donné rendez-vous aux ambassadeurs de l'empereur Henri V [4].

Dès le début, l'entrevue fut orageuse. L'attitude des ambassadeurs de Henri fut « rogue et menaçante ». Ils essayèrent d'intimider le pape plutôt que de discuter avec lui. Seul, Bruno de Trèves, prélat élégant et enjoué, parla « en termes choisis », protestant de son obéissance au Saint-Siège, tout en réservant les droits de l'empereur. Suger résume ainsi son discours : « Le droit séculaire de l'empereur est de donner son assentiment avant que l'élection soit publiquement proclamée ; et si l'empereur approuve le choix, son assentiment précède l'élection.

1. Suger, *Vie de Louis le Gros*, IX, éd. Molinier, p. 25.
2. Suger, *loc. cit.*
3. Jaffé-Wattenbach, *Regesta*, n° 6063, avec la fausse date de 1105. Pour la date de 1107, voir les *Hist. de Fr.*, t. XV, p. 36, note *d*.
4. Suger, *loc. cit.* ; *Annales Colonienses*, dans les *Mon. Germ., Script.*, t. XVII, p. 747. Tout le récit qui suit est emprunté à ces deux sources, que nous ne citerons plus que pour certains passages caractéristiques.

Ensuite le corps électoral, canoniquement réuni, nomme l'évêque, et l'évêque, élu librement et sans simonie, va trouver l'empereur pour les régales, afin d'obtenir l'investiture par l'anneau et par la crosse des biens qu'il va recevoir de lui et lui prêter hommage » [1].

Le pape fit répondre à Bruno par l'évêque de Plaisance que l'Église ne pouvait être servante et que si les évêques ne pouvaient être élus qu'avec l'assentiment du roi allemand, l'Église serait la servante du roi. Il ajouta que le roi était un usurpateur devant Dieu s'il donnait l'investiture par la crosse et par l'anneau. Les ambassadeurs allemands répliquèrent d'un ton menaçant : « Ce n'est pas ici, mais à Rome et par le glaive que se terminera la querelle ».

Après avoir, en vain sans doute, envoyé quelques députés au chancelier de l'empereur, Albert, resté à Trèves, pour tâcher de s'arranger avec lui [2], Pascal quitta Châlons [3] et, « le cœur plein d'amour pour la France et de haine pour l'Allemagne », il se dirigea vers Troyes, où un concile avait été convoqué.

IV

Concile de Troyes.

Ce concile, qui s'ouvrit le surlendemain de l'arrivée de Pascal [4], le 23 mai 1106 [5], devait avoir une portée considérable. Réuni quelques jours après la conférence de Châlons, c'était une

---

1. Le texte de Suger est fort obscur, et il faut l'interpréter assez librement. Le voici, tel qu'il est donné dans l'édition Molinier, p. 27 : « ... ut in omni electione hic ordo servetur : antequam electio in palam proferatur, ad aures domini imperatoris perferre, et, si persona deceat, assensum ab eo ante factam electionem assumere ; deinde in conventu secundum canones, peticione populi, electione cleri, assensu honoratoris proferre, consecratum libere nec simoniace ad dominum imperatorem pro regalibus ut anulo et virga investiatur redire, fidelitatem et hominium facere. » Au lieu de *honoratoris* il faut lire *imperatoris*, et au lieu de *consecratum*, lire *electum*.

2. Cf. Giesebrecht, *Geschichte der deutschen Kaiserzeit*, t. III, p. 756.

3. Arrivé après le 3 mai, Pascal en était parti avant le 13 du même mois. Cf. Luchaire, *Louis VI le Gros*, Annales, n° 48.

4. Sa présence à Troyes est en effet signalée dès le 21 mai (Jaffé-Wattenbach, *Regesta*, n° 6136).

5. Jaffé-Wattenbach, *Regesta*, t. I, p. 730.

réponse directe à l'empereur. De plus, il consacrait le rétablissement des bons rapports entre la papauté et le roi de France. De Bertrade, il n'était plus question. Philippe était l'aide et le conseil du pape, et la France allait mériter le nom, qu'elle devait garder pendant deux siècles, de fille aînée de l'Église.

On commença d'abord, au concile, par déposer un certain nombre d'évêques allemands [1] ; puis, une fois les affaires d'Allemagne liquidées, on promulgua des canons dont six nous sont parvenus [2]. Le premier est une disposition renouvelée du concile de Latran (1102), qui condamne les investitures laïques en déclarant que celui qui recevra l'investiture d'une dignité ecclésiastique de la main d'un laïque, de même que celui qui consacrera cet investi, sera déposé [3]. Les canons 2 et 3 règlent des questions de hiérarchie ecclésiastique, établissent la nécessité de franchir tous les grades successifs de la cléricature : il faut être prêtre pour devenir archiprêtre, et diacre pour devenir archidiacre. Le quatrième canon vise le concubinage des clercs : interdiction est faite au prêtre ou au diacre marié ou concubin, s'il ne se sépare pas de sa compagne, de remplir ses fonctions. Enfin un autre canon s'occupe de discipline ecclésiastique en interdisant aux évêques et abbés de recevoir des excommuniés dans leurs paroisses.

Pour la lutte présente, le premier de ces canons est le seul qui nous intéresse. Il marque la volonté bien nette du pape de supprimer les investitures laïques ; mais ce ne devait être qu'une manifestation platonique, car il n'avait ni qualité pour empêcher un souverain, remettant une terre à son vassal, de lui en conférer l'investiture comme il l'entendait, ni surtout le pouvoir d'empêcher l'empereur de faire ce qui bon lui semblait.

Ce canon, promulgué en France, ne semble pas s'appliquer aux élections qui avaient lieu dans le clergé français [4]. Le roi et le

1. Cf. Jaffé-Wattenbach, *Regesta*. n°ˢ 6143-6145. C'est de Troyes aussi que Pascal notifia à Bruno de Trèves l'excommunication lancée contre l'évêque de Verdun Richer. Voir *Gesta episcop. Virodun.*, dans les *Mon. Germ., Script.*, t. X, p. 500.

2. Mansi, *Sacrorum conciliorum nova et amplissima collectio*, t. XX, col. 1223.

3. Ce qui prouve que souvent, et même d'ordinaire, l'investiture précédait la consécration.

4. Nous voyons au même moment, à propos de l'élection de Reims, le roi donner l'investiture à Gervais, non consacré, et le pape consacrer Raoul, non investi.

pape vivaient sur un compromis commode et qui ne créait pas de conflit. Aller jusqu'à voir un « concordat » dans cette « entente tacite » qui ne reposait sur aucun traité, aucune convention écrite, serait exagéré. Mais il est incontestable que, depuis 1104, un *modus vivendi* nouveau résulte de l'absolution de Philippe en ce qui concerne les élections épiscopales et le rôle qu'y joue le roi. D'ailleurs, comme l'expliquait Ive de Chartres [1], le pape n'a qu'à considérer l'investiture donnée par le roi comme purement temporelle et dès lors s'en désintéresser. Le roi, de son côté, céda si bien, qu'au cours du XIIe siècle l'investiture par la crosse et par l'anneau disparut de nos coutumes et que le pape dès lors n'eut plus à se plaindre de rien [2]. Ce compromis, pour lui, était plus avantageux que la lutte acharnée et intransigeante avec l'Allemagne, lutte qui le conduisit aux concessions de 1111.

Le concile s'occupa encore d'un certain nombre d'affaires concernant la discipline intérieure de l'Église de France [3] : on déposa notamment l'archevêque de Reims Gervais, auquel on substitua Raoul le Vert [4], on accepta le refus de Bougrin, qui — preuve inouïe de désintéressement — ne voulait point se charger de l'évêché de Dol [5], on régla un différend entre les abbayes de Cluny et de Saint-Père de Chartres [6], enfin on annula le mariage du jeune roi Louis avec Lucienne de Rochefort [7].

1. Cf. Esmein, *La question des investitures dans les lettres d'Yves de Chartres*, dans la *Bibliothèque de l'École des Hautes Études*, Sciences religieuses, t. I (1889), p. 175.

2. Cf. P. Viollet, *Histoire des institutions politiques et administratives de la France*, t. II, p. 343.

3. On prit aussi au concile une décision relative à la trêve de Dieu. Voir Clarius, *Chronic. S. Petri Vivi Senonensis*, dans les *Hist. de Fr.*, t. XII, p. 281, et la *Chronique de Saint-Maixent*, dans Marchegay et Mabille, *Chroniques des églises d'Anjou*, p. 423.

4. Voir au sujet de cette affaire une lettre écrite par Gervais à Pascal, dans les *Hist. de Fr.*, t. XV, p. 42; la lettre 190 d'Ive de Chartres, *ibid.*, p. 146; la lettre des clercs de Reims au prévôt Raoul, *ibid.*, p. 199; les *Annales Cameracenses*, dans les *Mon. Germ.*, *Script.*, t. XVI, p. 511.

5. Voir la lettre qu'Ive de Chartres écrivit à ce sujet à Pascal pour appuyer la demande de Bougrin (lettre 176, dans les *Hist. de Fr.*, t. XV, p. 140. — Cf. *ibid.*, lettre 178, au clergé de Dol).

6. Voir la bulle délivrée à ce sujet par Pascal II le 6 juin 1107 (Jaffé-Wattenbach, *Regesta*, n° 6154).

7. Luchaire, *Louis VI le Gros*, Annales, n° 50. — Nous passons sous silence quelques autres affaires d'ordre secondaire dont on s'occupa encore au concile.

Une fois le concile terminé, Pascal demeura encore quelques jours à Troyes, où il confirma les privilèges de divers monastères [1]. Puis il se rendit à Auxerre, passa le 29 mai à Clamecy, le 31 à Leurcy, d'où il alla à Souvigny, puis à Sauxillanges ; il passa le 13 juillet à Privat, le 14 au Puy, séjourna à Valence jusqu'au 20, atteignit Lausanne le 29, et de là regagna l'Italie [2], laissant en France en qualité de légat son compagnon de voyage Richard d'Albano [3].

Sur le sol italien, les armées impériales l'attendaient. Mais par son voyage, le pape avait conquis l'amitié, l'alliance de la France. Cette alliance, en dépit de quelques éclipses, Louis VI et Louis VII devaient tenir à honneur de la sauvegarder [4]. Et ainsi la politique de Pascal, que d'aucuns ont jugé « faible », mais qui en réalité était la seule habile, devait permettre la réalisation de toute l'œuvre de réforme ecclésiastique entreprise par Grégoire et par Urbain et qui allait régénérer l'Église.

1. Jaffé-Wattenbach, *Regesta*, nos 6137-6142.

2. *Ibid.*, nos 6147-6162.

3. Le 29 janvier 1107, on trouve Richard à Lyon, où il juge un différend entre les églises de Vienne et de Grenoble (voir une bulle de Pascal II, du 2 août 1107, Jaffé-Wattenbach, *Regesta*, no 6163) ; le 18 février, il est à Bèze avec le pape (*ibid.*, no 6124) ; le 24 février, il souscrit avec le pape le jugement rendu en faveur des chanoines de Chaumoussey (*ibid.*, no 6125) ; il assiste aux funérailles de l'évêque de Verdun Richer (*Gesta episcoporum Virodunensium*, dans les *Hist. de Fr.*, t. XIII, p. 632) ; en juillet, il juge un différend entre les abbayes d'Aniane et de la Chaise-Dieu (voir une bulle de Pascal II, du 12 avril 1113, *ibid.*, no 6348). Après le départ de Pascal, nous voyons Richard en relations avec Ive de Chartres, qui le met au courant d'un débat entre les moines de Vézelai et l'église Saint-Lucien de Beauvais (Ive de Chartres, lettre 181, dans les *Hist. de Fr.*, t. XV, p. 142), et avec le doyen de l'église de Chartres Arnaud (voir la lettre qu'il lui adressa, *ibid.*, p. 143, note c). Richard resta en France encore après 1108 (*Chronic. S. Petri Vivi Senonensis*, dans les *Hist. de Fr.*, t. XII, p. 283).

4. Pour Louis VI, voir Luchaire, *Louis VI le Gros*, p. cxix et suiv.

CHAPITRE SEPTIÈME

Quant au roi très bon, très pieux et très chrétien, qui depuis quelques mois était devenu la première colonne du Saint-Siège, il avait pris son rôle très au sérieux. Visiblement touché de la grâce depuis qu'il était rentré dans la communion de la sainte Église catholique, apostolique et romaine, il comprenait combien était grave la responsabilité qu'il assumait, et il se prit à regretter son passé. Après le dernier scandale qu'il se donna le plaisir d'offrir à la population angevine en se faisant recevoir officiellement, accompagné de Bertrade, par le comte d'Anjou Foulque, l'ancien mari de cette même Bertrade [1], il songea à se retirer du monde et à finir dans la pénitence une vie qui était loin d'être sans tache. Avant de mourir, l'empereur déchu Henri IV lui avait écrit une longue lettre [2] dans laquelle il lui faisait part de ses déboires, des misères qui avaient attristé cette fin de vie, juste châtiment imposé par le Ciel à celui qui avait tant lutté contre la papauté. Bien que Philippe fût réconcilié avec l'Église, cette lettre l'avait impressionné, et quelque temps après, il s'ouvrit à son ami Hugue, abbé du riche monastère de Cluny, de son projet de se faire moine, tout en lui disant combien il lui était reconnaissant de n'avoir jamais, pas plus qu'aucun des représentants de son ordre, pris parti contre lui, à l'occasion des nombreuses excommunications qu'il avait encourues. Hugue, on ne peut plus flatté de ces intentions et prévoyant l'honneur qui rejaillirait sur tout son ordre d'une telle détermination, lui

1. Voir une charte-notice de Saint-Nicolas d'Angers dans Laurent Lepeletier, *Epitome S. Nicolai Andegavensis* (1635), p. 50; Orderic Vital, VIII, 20, éd. Le Prévost, t. III, p. 388 ; Suger, *Vie de Louis le Gros*, XVII, éd. Molinier, p. 57.

2. *Hist. de Fr.*, t. XIV, p. 807.

répondit par une longue épître, dans laquelle il l'encourageait à mettre son projet à exécution [1]. Après avoir déclaré combien il était heureux de l'attachement et de la fidélité que lui et son ordre avaient toujours montré au roi, il lui disait qu'il était prêt à le recevoir parmi les frères de son abbaye et l'exhortait à persister dans son dessein en lui montrant la fin misérable de Henri IV. Disposé à le recevoir en roi et à le traiter en roi, il insistait sur la grandeur qu'aurait une pareille décision.

Cependant Philippe n'abandonna point le sceptre pour revêtir l'habit monachal. Il lui restait trop d'indépendance, et il voulait encore régner, même sur son clergé; et si, par déférence, il avait laissé, au concile de Troyes, Pascal II, son hôte, déposer l'archevêque de Reims Gervais et sacrer Raoul le Vert à sa place [2], il ne cessa de protéger l'évêque déchu et n'hésita même pas à le soutenir à main armée et à piller les domaines de son compétiteur [3].

Néanmoins, songeant à la vie future, il ne négligeait point de mériter par des actes de piété l'intercession des saints. Il alla, avec le prince Louis, assister dans l'abbaye de Saint-Benoît, à Fleury-sur-Loire, à la translation solennelle des reliques du saint, le 20 mars 1108. La châsse avait été déplacée un an auparavant, pour permettre de réparer le chœur et le chevet de l'église monastique; Philippe offrit pour la conserver un riche coffret d'or garni de pierres précieuses. La cérémonie fut imposante : avec le roi et son fils, une foule énorme de prélats, de clercs et de fidèles était accourue. Tandis qu'on chantait les hymnes, l'émotion faisait éclater les assistants en sanglots; Philippe et Louis pleuraient [4]. La dévotion du roi Philippe pour saint Benoît en fut accrue et il demanda bientôt à reposer après sa mort à côté de son autel.

Ses derniers mois durent être pénibles. Il était accablé par la

---

1. *Hist. de Fr.*, t. XIV, p. 811.

2. Cf. ci-dessus, p. 57.

3. Voir notamment Suger, *Vie de Louis le Gros*, XIII (éd. Molinier, p. 40), suivant lequel, au temps du roi Philippe Ier, Raoul le Vert « gravissimas et periculosas incurrerat inimicicias ».

4. Clarius, *Chronicon S. Petri Vivi Senonensis*, dans les *Hist. de Fr.*, t. XII, p. 282; chronique de Guillaume Godel, *ibid.*, p. 674 (sous la date de 1107 == 1108, nouv. st.); chronique dite de Strozzi, *ibid.*, p. 728. Clarius ne mentionne pas la présence de Philippe.

maladie et sentait la fin approcher. Il regrettait peut-être alors de n'avoir pas écouté son ami Hugue de Cluny. En bon chrétien, il se confessa, puis réunit autour de lui tous les « grands » de France et ses amis et leur dit : « La sépulture des rois de France est, je le sais, à Saint-Denis. Mais je me sens trop chargé de péchés pour oser reposer auprès du corps d'un si grand saint ». Et il ajoutait naïvement : « Je crains fort que mes péchés ne me fassent livrer au diable et qu'il ne m'advienne ce qui arriva, dit-on, autrefois à Charles Martel. J'aime saint Benoît ; j'adresse ma supplique au pieux père des moines et désire être enterré dans son église, au bord de la Loire. Lui, il est clément et bon, il recueille les pécheurs qui s'amendent et qui, fidèles observateurs de sa règle, cherchent à gagner le cœur de Dieu »[7]. En un mot, il était plus sûr d'être sauvé par saint Benoît que par saint Denis [1]. Et ne comptait-il pas aussi peut-être, pour forcer saint Benoît à intercéder auprès du Seigneur pour sa pauvre âme, sur le juste orgueil qu'aurait ce saint à voir un roi enseveli dans son monastère ? Flatté d'une telle marque d'égards, il ne pourrait manquer de sauver l'âme d'un roi qui allait donner au monastère de Fleury une gloire nouvelle.

Le 29 juillet, Philippe mourut à Melun [2]. Son fils Louis était auprès de lui. A ses obsèques assistèrent les vénérables prélats, évêques de Paris, Senlis, Orléans, Adam, abbé de Saint-Denis, et beaucoup d'autres religieux. On porta le cadavre royal à l'église Notre-Dame et on lui fit, la nuit, de splendides funérailles. Le lendemain, placé dans une litière, couvert de riches draps de soie, porté sur les épaules de ses gens, il fut emmené à Saint-Benoît-sur Loire, accompagné par Louis qui, tantôt à cheval, tantôt à pied, rivalisait de larmes avec ses barons. Ils arrivèrent à Fleury avec une grande escorte, et on l'enterra dans l'église entre le chœur et l'autel [3], comme il en avait manifesté la volonté. On lui rendit tous les honneurs dus à un souverain, hymnes et prières, et l'on ne peut douter que l'excellent

1. Orderic Vital, *Historia ecclesiastica*, XI, 34, éd. Le Prévost, t. IV, p. 284. Cf. Suger, *Vie de Louis le Gros*, XII, éd. Molinier, p. 38.
2. Voir Luchaire, *Louis VI le Gros*, Annales, nº 56.
3. Ce détail est donné par Orderic Vital, *loc. cit.* Suger, *loc. cit.*, dit : « ante altare ». Le récit des funérailles nous est fourni par ce dernier auteur.

saint Benoît n'ait fait asseoir à côté de lui au Paradis celui qui est couché auprès de lui dans le monastère de Fleury [1].

1. Son tombeau y est encore ; il représente un homme jeune, barbu, une physionomie assez noble, mais sans beaucoup de caractère. C'est une œuvre tardive, sans valeur iconographique.

LIVRE II

L'ORGANISATION DE L'ÉGLISE DE FRANCE ET SES RELATIONS AVEC PASCAL II ET PHILIPPE Ier

PREMIÈRE PARTIE

LE CLERGÉ SÉCULIER

CHAPITRE PREMIER

LE PAPE ET L'ÉPISCOPAT

Après avoir étudié les rapports du pape et des légats avec Philippe Ier, il nous reste à examiner plus spécialement l'attitude du Saint-Siège vis-à-vis du clergé français. Pour le clergé séculier d'abord, avant de nous occuper des grands conflits qui marquent le caractère propre des relations entre le pape, le roi et l'épiscopat, il faut essayer de tirer quelques conclusions de l'exposé même des faits que nous avons racontés dans les pages qui précèdent. Nous apprendrons ainsi à connaître l'état du clergé séculier, et en particulier de l'épiscopat, et le rôle qu'il a joué vis-à-vis du Saint-Siège, du clergé régulier et du pouvoir civil. Puis nous aborderons l'étude des principales élections épiscopales, qui nous permettront de voir, à l'occasion d'affaires purement ecclésiastiques, le pape en face du roi, l'action de ces deux pouvoirs sur l'épiscopat et l'organisation même de celui-ci.

I

Action du pape sur le clergé par l'épiscopat.

C'est surtout pour confier à des évêques le soin de résoudre
les conflits qui surgissaient dans le clergé que le pape et ses
légats eurent l'occasion d'intervenir en France. En vertu des
prérogatives de l'ordinaire, l'évêque était le juge naturel de
toutes les affaires ecclésiastiques qui éclataient dans son diocèse. Mais les monastères subissaient avec impatience cette
domination de leurs juges naturels, et souvent le pape dut
faire usage de son autorité pour imposer, dans tel conflit, le
juge qui devait le résoudre. C'est ainsi que Lambert, évêque
d'Arras, fut chargé par Pascal de rétablir la paix entre les deux
abbés qui se disputaient le monastère de Samer [1]; que Gui,
archevêque de Vienne, fut désigné, avec Ismion de Die, pour
régler un différend qui mettait aux prises Aniane et la Chaise-
Dieu au sujet de l'église de Gordon [2]; c'est sur le conseil du
pape que Galon, évêque de Paris, avec l'autorisation du roi,
expulsa les nonnes débauchées de Saint-Éloi et transforma
cette abbaye en un prieuré de Saint-Maur-des-Fossés [3].

Plus graves étaient parfois les conflits entre moines et chanoines, ces deux puissances rivales qui cherchaient chacune à
accaparer à leur profit le ministère paroissial dans les campagnes [4]. Mais là encore les évêques furent souvent pris pour
juges, et l'on vit, par exemple, Lambert, évêque d'Arras, désigné
par Pascal pour prononcer entre les moines de Saint-Martin et
les chanoines de Tournai [5].

Souvent c'est au profit du monastère que le pape fait intervenir l'ordinaire : ainsi, pour châtier les chevaliers pillards qui
avaient commis des violences contre le monastère de Saint-
Gilles, le pape choisit l'archevêque de Narbonne et ne ménage
pas ses foudres [6]. Ailleurs, ce sont les évêques de Poitiers,

1. Voir ci-dessus, p. 44.
2. Jaffé-Wattenbach, *Regesta*, n° 6123.
3. Luchaire, *Louis VI le Gros*, Annales, n° 49.
4. Voir plus loin le chapitre consacré aux chanoines.
5. Jaffé-Wattenbach, *Regesta*, n° 6189.
6. Jaffé-Wattenbach, *Regesta*, n°ˢ 6116-6118.

Saintes et Bordeaux que Pascal désigne pour faire justice des torts commis par certains nobles au couvent de Montierneuf [1]. C'est donc par l'intermédiaire des évêques que le pape protège les monastères, règle leurs conflits ou punit leurs scandales. Il agit de même avec les chanoines réguliers, quand il recommande l'abbaye de Saint-Quentin de Beauvais à l'évêque Galon contre les violences des clercs de cette ville [2].

Mais, dans la plupart des affaires, le pape juge directement, surtout quand il s'agit de querelles entre les deux clergés. Arbitre impartial, il donne raison tantôt à l'évêque, tantôt au monastère, suivant que le droit lui semble être du côté de celui-ci ou de celui-là. Il prend le parti des moines de Marmoutier contre l'évêque d'Angers [3], interdit à l'évêque de Châlons Philippe de forcer, au nom des prérogatives épiscopales, l'abbé et les moines de Montier-en-Der, à venir pour les grandes fêtes à Châlons [4] et favorise manifestement certaines abbayes contre l'épiscopat en les exemptant de la juridiction de l'ordinaire [5] et en brisant la manifestation même de cette juridiction, si elle a failli à la justice [6].

Mais il n'est pas un partisan aveugle du clergé régulier contre l'épiscopat. Non seulement il rappelle certains abbés, comme Adam de Saint-Denis, aux devoirs et à la soumission qu'ils doivent à leur évêque [7], mais, à ce sujet, il s'élève avec véhémence contre ces privilèges qui faisaient la force du clergé régulier, « pro pravis et malis collecta ». Ses rapports avec le clergé séculier montrent assez combien il voulait se faire de tous les évêques français des amis et des auxiliaires pour la grande œuvre de réforme : il cherchait avant tout une paix qui permît de faire de bonnes choses. Non seulement il règle les conflits, mais encore il cherche à les éviter. Le soin qu'il met, en 1101, à délimiter le diocèse de Lambert, qu'il confirme comme

1. Voir ci-dessus, p. 27.
2. Voir ci-dessus, p. 44.
3. Voir ci-dessus, p. 26.
4. *Ibid.*
5. Voir ci-dessous, 2ᵉ partie, chap. ii.
6. Lorsqu'il lève, par exemple, l'interdit lancé par Norgaud contre Vézelai (voir ci-dessus, p. 16) et celui que Hugue de Lyon avait lancé contre Savigny (voir ci-dessus, p. 16, n. 4).
7. Voir ci-dessus, p. 54.

B. Monod. — *Pascal II et Philippe Iᵉʳ.* 5

évêque d'Arras [1], ou à s'enquérir de l'accusation de simonie lancée contre Ive de Chartres [2], l'indulgence enfin avec laquelle il prononce en dernier ressort dans l'affaire de Norgaud, déposé par deux conciles [3], montrent assez le caractère pacifique et conciliateur de celui qui avait succédé au farouche Urbain II. Il se souciait tant de faire respecter l'autorité épiscopale qu'il avait même écrit à Norgaud, en arrivant au pouvoir, pour le confirmer dans ses fonctions et dans ses possessions [4]. C'est afin d'éviter les conflits, et sans préférences pour l'un ou l'autre clergé, qu'il recommande aux évêques d'observer les décisions du concile de Clermont relatives aux autels [5], et c'est par un désir d'ordre et de respect de l'épiscopat que, sur la demande d'Ive de Chartres, il interdit formellement l'usage de piller les biens épiscopaux à la mort du prélat [6]. Enfin, nous avons assez insisté sur sa bienveillance à l'égard de Hugue de Lyon, sur ses relations constantes d'amicale intimité avec Ive de Chartres pour qu'il ne soit pas nécessaire d'y revenir ici.

II

Les légats et le clergé séculier.

Les légats suivent, à l'égard des évêques, la même politique que le pape. Jean et Benoit sont mis au courant des affaires de France par Ive de Chartres et reçoivent de lui des conseils [7]. Richard d'Albano vient à Blois juger les différends qui ont surgi entre Ive et la comtesse Adèle [8]. C'est à l'archevêque de Tours que Bruno de Segni remet le soin de juger les moines de Tournus [9]. Lambert d'Arras est soutenu par le légat Richard dans sa lutte contre ses clercs rebelles [10]. Hugue de Die, faisant fonction de légat, absout Richer, évêque excom-

---

1. Voir ci-dessus, p. 27.
2. Voir ci-dessus, p. 37.
3. Voir ci-dessus, p. 15.
4. Jaffé-Wattenbach, *Regesta*, n° 5831 (14 avril 1100).
5. Voir ci-dessus, p. 25.
6. *Ibid.*
7. Voir ci-dessus, p. 18.
8. Voir ci-dessus, p. 38.
9. Voir ci-dessus, p. 46, n. 8.
10. Voir ci-dessus, p. 39, n. 7.

munié de Verdun [1]. Richard d'Albano est en relations avec
Ernaud, doyen de l'église de Chartres, et c'est par l'évêque de
Chartres Ive qu'il est renseigné sur les discordes de Vézelai [2].
C'est lui encore qui est chargé d'apaiser une querelle entre
les églises de Vienne et de Grenoble et d'assister aux funérailles
de l'évêque de Verdun [3].

Mais si les légats accomplissent en commun avec les évêques
cette œuvre d'organisation et de pacification de l'Église de
France, ils n'hésitent pas à sévir contre les évêques coupables :
ainsi, dans l'affaire de Norgaud [4]. Ils interviennent souvent dans
les conflits qui séparent évêques et abbés, afin de rétablir l'ordre
troublé : Richard d'Albano juge un conflit éclaté entre Geoffroi
de Vendôme et son archevêque [5] ; Bruno de Segni termine une
dispute qui divisait Marmoutier et l'évêque du Mans [6]. Nous
avons vu le légat Milon de Préneste, envoyé tout exprès de Rome
pour apaiser le clergé d'Autun, y faire respecter celui que le
pape avait reconnu comme évêque et régler par la même occasion le différend qui mettait aux prises cet évêque et l'abbaye de
Cluny [7].

III

Les évêques dans leur diocèse.

Fréquemment aussi les évêques règlent eux-mêmes les conflits : tantôt on les voit prendre en main la cause d'un monastère contre un de leurs collègues, comme Ive de Chartres
défendant l'abbé de Marmoutier contre l'archevêque de Tours [8] ;

1. Laurent de Liège, *Gesta episcoporum Virdunensium*, dans les *Hist. de
Fr.*, t. XIII, p. 632 A.
2. Voir ci-dessus, p. 58, n. 3.
3. *Ibid.*
4. Voir ci-dessus, p. 15.
5. Voir ci-dessus, p. 37.
6. Voir la charte-notice publiée dans les *Hist. de Fr.* t. XIV, p. 119.
7. Voir ci-dessus, p. 16. — Les légats n'avaient d'ailleurs pas toujours à
se louer de la conduite des évêques : nous avons vu comment Hugue de
Lyon, manquant à tous ses devoirs vis-à-vis des représentants du Saint-
Siège, interdisait à ses suffragants de Chalon et de Langres, de se rendre au
concile auquel ils étaient convoqués (ci-dessus, p. 12).
8. Nous étudierons en détail ces cas très nombreux dans les chapitres
consacrés au clergé régulier.

tantôt ils protègent les monastères en les recommandant au Saint-Père, comme le prouvent de nombreux privilèges accordés par le pape « sur la demande du diocésain » [1] et l'envoi à Rome de deux moines de Cîteaux, en 1099, allant trouver Pascal avec une recommandation de l'archevêque de Lyon et de l'évêque de Chalon pour solliciter en faveur de la jeune abbaye la protection apostolique [2] ; tantôt au contraire ils soutiennent un autre évêque contre un abbé, comme nous l'avons vu dans l'affaire de Hugue de Lyon contre Hugue de Flavigny [3], et dans tous les conflits que le pape ou ses légats eurent à régler.

Les évêques avaient souvent fort à faire dans leurs diocèses pour empêcher les abus. Les luttes d'Ive de Chartres contre Dreu et Païen, les accusations de simonie souvent injustifiées [4], souvent fort légitimes [5], la résistance des clercs inférieurs aux ordres venus d'en haut nous donnent l'impression d'un clergé peu discipliné. Mais il faut tenir compte des mœurs de cette époque et des habitudes de violence de la société laïque, qui réagissaient sur celles du clergé et qui, d'autre part, rendirent parfois difficile la situation des évêques dans leur diocèse. C'est ainsi qu'Ive de Chartres et Hildebert, évêque du Mans, doivent demander deux sauf-conduits pour venir au concile de Troyes, l'un du roi, l'autre de la comtesse Adèle [6]. Le même Ive de Chartres, en 1103, ne peut venir auprès de Daimbert de Sens pour la consécration de Manassès de Meaux à cause de l'hostilité royale [7]. Hugue, évêque de Châlons, est fait prisonnier par un seigneur de la région, et il faut l'intervention de deux évêques, Manassès et Lambert, pour lui rendre la liberté [8]. Le gouvernement de Philippe Ier fut certainement coupable dans bien des cas, mais il fallait des siècles pour

---

1. Voir ci-dessous, 2e partie, chap. II.

2. Voir l'*Exordium parvum ordinis cisterciensis*, dans les *Hist. de Fr.*, t. XIV, p. 109-112.

3. Voir ci-dessus, p. 15 et suiv.

4. Comme celles qui furent lancées contre Ive de Chartres : voir ci-dessus, p. 37.

5. En particulier, en ce qui touche Norgaud et Hubert de Senlis : voir ci-dessus, p. 12 et suiv. et p. 40.

6. Voir ci-dessus, p. 40 et n. 4.

7. Ive de Chartres, lettres 113 et 115, dans les *Hist. de Fr.*, t. XV, p. 120 et note c.

8. Voir deux lettres de Manassès à Lambert, *ibid.*, p. 194-195.

réformer une société : on se rappelle l'étonnement que provoqua le désintéressement de l'évêque de Dol qui refusait d'accepter ses fonctions [1].

A propos des conflits qui divisaient l'épiscopat et ce qu'on peut appeler le clergé inférieur, il est intéressant d'examiner les deux affaires qui ont occupé pendant presque toute la période que nous étudions l'évêque de Chartres Ive : l'une, celle de Dreu, ne met guère en cause que le pape, en plus des deux parties en présence; dans l'autre, nous voyons intervenir le roi, le prince Louis, les évêques voisins, et même un seigneur ennemi.

Le chanoine et archidiacre Dreu [2] avait tellement importuné l'évêque de Châlons Philippe de Champagne sur son lit de mort qu'il avait fini par obtenir de lui la charge de trésorier de l'église de Châlons. Mais quand Philippe eut succombé (1100), Dreu, qui ne devait entrer en fonctions qu'après la mort de son protecteur, se vit refuser la charge par le nouvel évêque, Hugue, qui n'avait pas voulu rester sourd aux protestations de ses clercs. Dreu porta plainte au concile de Poitiers [3], qui, sous l'inspiration d'Ive de Chartres, jugea que la promesse conditionnelle faite à Dreu par Philippe ne pouvait canoniquement être assimilée à une investiture, et que si Dreu, à la mort de Philippe, avait occupé la trésorerie, il y avait « prise de possession », mais rien de plus : l'investiture lui faisait défaut. D'autre part, le concile de Clermont avait décrété que nul clerc ne pourrait avoir de titres à la fois dans deux églises. En conséquence, le concile débouta Dreu de sa plainte.

Il semble que celui-ci ait alors intrigué à la cour pontificale, pour faire reconnaître sa prétention par le pape ; Ive parle de la « delatio unius personae » et des discours obscurs et des importunités de Dreu qui amenèrent Pascal II à intervenir en sa faveur et à imposer à Hugue de Châlons « des conditions injustes et intolérables ». Nous ignorons quel succès eurent les réclamations d'Ive auprès de Pascal. L'affaire n'en est pas moins dou-

---

1. Voir ci-dessus, p. 57.

2. Cette affaire nous est connue par la lettre 95 d'Ive de Chartres (*Hist. de Fr.*, t. XV, p. 112). Cette lettre, adressée au pape, est naturellement hostile à Dreu.

3. Cf. ci-dessus, p. 20.

blement intéressante : d'abord, en ce qu'elle est un bon exemple de ces luttes intestines qui divisaient le clergé séculier, de cette hostilité qui existait souvent dans un diocèse entre l'évêque et le chapitre ; elle est intéressante aussi en ce qu'elle confirme la théorie du droit d'appel d'un concile au pape et nous montre le pape cassant la décision prise par le concile sous l'autorité du légat [1].

L'autre affaire, qui mit aux prises Ive de Chartres avec le roi et la noblesse provinciale, l'épiscopat et la papauté, sortit d'un décret du concile de Poitiers, qui accordait à Ive le « droit d'autel » à Bazoches en Dunois [2]. Un riche chanoine de Chartres, Païen, bienfaiteur du monastère de Morigny [3] et poète de talent, paraît-il [4], usurpa cet autel, avec l'autorisation de Raoul, archevêque de Tours, et de Jean, évêque d'Orléans. Ive de Chartres protesta contre ce « sacrilège » auprès de l'évêque Jean [5]. Mais celui-ci, se souvenant sans doute de l'opposition qu'Ive avait faite à son élection (en 1098), soutint les prétentions de Païen. Ive alors lança contre le chanoine une sentence d'excommunication que Pascal confirma [6].

Cependant le riche Païen conservait des partisans, et l'évêque de Paris Foulque l'admit à la communion, à la grande indignation d'Ive, qui obtint du pape [7] une bulle par laquelle il enjoignait à l'archevêque de Sens et aux évêques d'Orléans et de Paris d'observer la sentence d'excommunication prononcée par l'évêque de Chartres [8]. C'est alors qu'intervint le prince Louis, qui prit nettement parti pour Païen, provoqua la désobéissance de l'archevêque de Sens et des évêques d'Orléans et de Paris, prétendant faire de son protégé un des hauts dignitaires de l'église de Chartres et refusant de conclure la paix avec cette église, tant que Païen ne serait pas entré en possession des honneurs

---

1. Cf. ci-dessus, p. 15, l'affaire de Norgaud.
2. Voir ci-dessus, p. 20.
3. *Chronique de Morigny*, dans les *Hist. de Fr.*, t. XII, p. 70.
4. Orderic Vital, *Hist. ecclesiastica*, VIII, 20, éd. Le Prévost, t. III, p. 435.
5. Ive de Chartres, lettre 100, dans Migne, *Patrol. lat.*, t. CLXII, col. 119.
6. Jaffé-Wattenbach, *Regesta*, n° 5932 (11 novembre 1102).
7. Ive de Chartres, lettre 112, dans les *Hist. de Fr.*, t. XV, p. 119-120.
8. Voir la lettre écrite par Ive à l'évêque de Paris, citée à la note précédente.

auxquels il prétendait [1]. L'évêque d'Orléans, désirant mettre un terme à ce conflit qui divisait les pouvoirs laïque et ecclésiastique, s'offrit comme arbitre entre le prince Louis et Ive ; celui-ci repoussa l'offre, disant qu'il n'avait rien à se reprocher à l'égard de Louis, et que donner gain de cause à Païen serait faire la plus grande offense à la dignité épiscopale. Cependant il proposa à l'évêque Jean un rendez-vous pour discuter de cette affaire [2] ; mais l'entrevue, si elle eut lieu, n'amena aucun résultat, et une tentative de médiation faite par l'archevêque de Sens se heurta également à la volonté inflexible de l'évêque de Chartres [3].

Les documents nous manquent pour dire comment l'affaire se termina ; mais nous en savons assez pour pouvoir remarquer le peu d'action du Saint Siège sur les évêques, lorsque la royauté intervient ; le prélat se souvient alors qu'il est vassal du prince, et les ordres du pape sont éludés, même s'il s'agit d'un chanoine en conflit avec son évêque.

IV

Les évêques et le roi.

Nous venons de voir un cas assez caractéristique d'opposition faite par le roi désigné aux volontés d'un évêque. Avant d'étudier les élections d'évêques, dans lesquelles le roi intervient presque toujours, nous pouvons, de quelques-unes des affaires que nous avons déjà eu l'occasion de rappeler, dégager l'attitude du roi vis-à-vis du clergé séculier et du clergé séculier vis-à-vis du roi.

Remarquons d'abord qu'on ne peut accepter l'assertion du chroniqueur anglais William de Malmesbury, suivant laquelle « le roi aurait provoqué un tel dégoût dans le clergé qu'il ne serait pas parvenu à faire consacrer son mariage par un évêque français » [4], puisque, parmi les évêques accusés d'avoir participé à cette consécration du mariage adultérin, il en est au

---

1. Luchaire. *Louis VI le Gros*, Annales, n° 24.
2. Ive de Chartres, lettre 114, dans les *Hist. de Fr.*, t. XV, p. 121.
3. Ive de Chartres, lettre 124, *loc. cit.*, p. 123.
4. William de Malmesbury, *Gesta regum Anglorum*, V, § 404, éd. Stubbs, (dans la Coll. du Maître des rôles), t. II, p. 480.

moins trois, Gautier de Meaux, Ourson de Senlis et Philippe de Troyes, qui faisaient bien partie du clergé français [1]. De plus, Philippe trouvait encore des évêques pour le couronner les jours de grande fête, bien qu'il fût excommunié [2]. Il ne faut pas oublier qu'une partie de cet épiscopat avait été recrutée, sinon sur ses exigences, du moins avec son assentiment, que beaucoup d'évêques lui devaient leur élévation et que, de plus, il était leur maître, leur suzerain, en même temps que leur souverain. Aussi ne devons-nous pas nous étonner si un grand nombre d'entre eux, pendant que quelques-uns s'associent aux légats pour l'excommunier au concile de Poitiers, sortent à ce moment de l'église, afin de ne pas commettre de forfaiture envers leur maître [3]. Même ceux qui le traitent le plus sévèrement ont pour lui le respect qu'on doit à un souverain [4]. D'autres, tels que Hugue de Lyon, n'hésitent pas à lancer contre lui leurs foudres ; mais n'oublions pas que Hugue était légat, et que Lyon n'était pas en France.

Ce sont des évêques qui sont appelés par le pape à éclairer Richard d'Albano de leurs lumières et de leurs conseils quand il s'agit d'absoudre le roi ; c'est à l'évêque d'Arràs Lambert qu'échoit le soin de procéder à cette cérémonie [5]. Nous venons de voir les évêques d'Orléans, Sens et Paris, suivre le roi dans sa lutte contre Ive de Chartres en faveur de Païen [6] ; nous les verrons solidaires de la royauté dans presque tous les conflits que faisaient éclater les élections épiscopales.

D'ailleurs, si le roi poursuit les évêques qu'il juge trop indépendants, il sait en même temps faire appel à l'épiscopat pour réformer les désordres du clergé. C'est sur son ordre qu'Ive chasse les moines de Poissy et les remplace par des chanoines [7], que Galon expulse les nonnes débauchées de Saint-Éloi de Paris et transforme ce monastère en un prieuré de Saint-Maur-des-

---

1 Voir ci-dessus, p. 5.

2. Voir ci-dessus, p. 6.

3. Voir ci-dessus, p. 21.

4. Ainsi, Ive de Chartres (lettre 56, dans les *Hist. de Fr.*, t. XV, p. 90) prit le parti de Philippe contre le légat Hugue de Lyon qui voulait réunir un troisième concile dans la même année (ce qui était anticanonique) pour juger le roi et le prévint avec déférence des pénalités auxquelles il s'exposait s'il ne renonçait pas à son projet (1096).

5. Voir ci-dessus, p. 42.

6. Voir ci-dessus, p. 70

7. Luchaire, *Louis VI le Gros*, Annales, nº 10.

Fossés [1]. C'est Philippe Ier qui, après Pascal II, confirme les droits de l'évêque de Chartres et rend une ordonnance pour empêcher les abus du droit de dépouille [2]. Enfin, nous connaissons sa mort édifiante.

En somme, nous nous trouvons en présence d'un clergé assez divisé, en partie dévoué au roi, en partie favorable à la réforme, en même temps qu'à l'autorité et à la suprématie du Saint-Siège. Les uns cherchent à jouir d'un pouvoir qu'ils ont parfois chèrement acheté ou soutiennent celui en qui ils reconnaissent leur maître; les autres désirent purifier le clergé de toute simonie, de tout scandale; d'autres enfin, partisans de la paix et de l'ordre, veulent tout concilier : le pouvoir du roi, au temporel, et le pouvoir du pape, au spirituel.

Nous allons voir tout ce monde en activité, en lutte, à l'occasion des élections épiscopales.

1. Luchaire, *ibid.*, n° 49.
2. Ordonnance prescrivant de conserver intacts les biens des évêques de Chartres après leur mort, dans le *Recueil des actes de Philippe Ier, roi de France*, éd. M. Prou, n° 152.

CHAPITRE DEUXIÈME

I

L'évêché de Beauvais.

Deux élections sont particulièrement instructives : celle de Galon, à Beauvais, et celle de Foulque, à Paris.

On se rappelle [1] le conflit auquel avait donné lieu la première : Étienne de Garlande, favori de Philippe Ier, élu par une fraction du chapitre au mépris de toutes les règles canoniques, reconnu évêque, malgré les protestations d'Ive de Chartres, dans un concile réuni à Soissons par l'archevêque de Reims Manassès, mais invalidé par le pape ; Galon, abbé de Saint-Quentin de Beauvais, élu par le parti réformiste du chapitre de Beauvais, mais non consacré par Manassès et non reconnu par le roi ; enfin, le pape et le roi se décidant à transiger, l'un approuvant l'élection d'Étienne, l'autre laissant nommer Galon à l'évêché de Paris.

Du détail de cette affaire, quelques conclusions intéressantes se dégagent. On se souvient notamment de la lettre adressée par Ive de Chartres à Pascal avant le concile de Soissons pour protester contre l'élection d'Étienne, faite « malgré la défense du pape et de ses légats » [2]. Le pape a donc le pouvoir d'intervenir dans une élection contre un candidat. Sur ce point, son pouvoir a été vaincu : on a passé outre à sa défense : Étienne est élu. Puis le pape a le pouvoir de confirmer ou de désavouer l'élu. En effet, Ive lui écrit pour l'inciter à désavouer Étienne, tandis que Lambert est circonvenu par les électeurs pour le pousser à confirmer leur élu. D'autre part, Étienne lui-même reconnaît ce pouvoir, puisqu'il veut aller à Rome (ou y envoyer

---

1. Voir ci-dessus, p. 27-34.

2. « De caetero, notum facio excellentiae vestrae Belvacenses clericos contra interdictum vestrum et legatorum vestrorum quemdam clericum nomine Stephanum in episcopum assumpsisse » (Ive de Chartres, lettre 89, dans les *Hist. de Fr.*, t. XV, p. 110) Cf. ci-dessus, p. 28.

des députés) pour faire confirmer son élection par Pascal, tandis que le métropolitain, Manassès, réunit un concile afin de recommander l'élu au Saint-Siège. Cette confirmation est sans doute la consécration. Ici le pape triomphe : il désavoue Étienne et refuse de le reconnaître comme évêque de Beauvais. Par cela même, il l'empêche absolument de devenir évêque. Il a un pouvoir « négatif » considérable.

Quant au roi, avant l'élection, en ne conférant pas la *licentia eligendi*, il maintient l'évêché vacant pendant plusieurs mois, afin d'en toucher les régales. Puis, bien qu'on n'en parle pas dans les textes que nous avons étudiés (mais cela est sous-entendu), il donne cette *licentia eligendi*. Enfin, d'après la lettre d'Ive que nous avons citée, il donne l'ordre, disons tout au moins le conseil, de choisir son candidat favori, Étienne. Sur ce point, il triomphe contre le pape. Il influence probablement le métropolitain (pour recommander l'élu au pape) ; il donne sûrement aussi son assentiment, mais on ne voit pas qu'il confère l'investiture à l'élu. Il ne faudrait pas déduire de là qu'il ne pouvait donner l'investiture avant que l'élu ne fût consacré ; ce qui se passera à Reims, entre 1106 et 1108, prouvera nettement le contraire. Mais le roi n'arrive pas, bien qu'il ait avec lui et le métropolitain et le corps électoral, à faire que son candidat soit évêque de Beauvais. Il est donc vaincu sur ce point, tandis que Pascal triomphe.

Le rôle du métropolitain est étrange. Il pouvait consacrer l'élu, et il ne le fait pas, ce qui fait supposer qu'il avait peur de contrevenir aux volontés du pape, à cette « défense » dont parle Ive [1]. Il se contente de recommander l'élu au pape en synode provincial, pour donner plus de poids à cette recommandation. Il est battu, en somme.

Le corps électoral a eu le pouvoir de nommer qui il lui plaisait, même contre la défense du pape, même un candidat non idoine [2], même, semble-t-il, sans avoir la majorité [3], et ce, sans

---

1. Ou qu'il trouvait l'élection peu canonique, soit qu'il jugeât qu'Étienne ne remplissait pas les conditions exigées, soit qu'il considérât son élection même comme irrégulière, une minorité seulement ayant voté pour lui.

2. Ive de Chartres, lettre 87, dans les *Hist. de Fr.*, t. XV, p. 109

3. Ive, lettre 89, *loc. cit.*, p. 109. Ce n'est pas ce que disent les clercs de Beauvais qui parlent dans leur lettre à Lambert du « *cleri populique*

que cette majorité lui oppose un autre candidat. Il semble triompher. Il recommande son élu au pape, mais sans succès, et finalement est battu, puisqu'Étienne revient de Rome sans être évêque.

De plus, nous avons assisté, dans ce conflit, à la lutte de deux prélats honorables, distingués et de grand poids, Ive de Chartres et Lambert. Ive ne craint pas de lutter contre le corps électoral, contre le roi, contre le métropolitain. Lambert, au contraire, pressé par les électeurs, recommande peut-être Étienne au pape [1].

Après ce premier acte, dans lequel nous avons donc vu le pouvoir « actif » du roi, du métropolitain et du corps électoral mis en échec par le pouvoir « négatif » du pape (au début le pouvoir négatif du pape avait été vaincu puisque l'élection avait eu lieu, par le pouvoir actif du roi et du corps électoral), il faut mentionner l'intermède fourni par la nouvelle réunion du corps électoral.

Le pouvoir du pape se manifeste en ordonnant à nouveau la réunion du corps électoral, ordonnant de recommencer l'élection. Or, cette élection sera fatalement influencée par la volonté du pape, par la décision prise contre Étienne, par le fait même qu'il fait tout recommencer. Le pouvoir du roi, de refuser la *licentia eligendi*, ne se manifeste pas. Il l'avait donnée déjà, elle devait compter encore. Il ne peut pas s'opposer à une nouvelle élection.

Le pouvoir du métropolitain se manifeste lorsqu'il est régulièrement chargé de faire réunir le corps électoral [2]. Il semble ici que l'on se soit passé de lui, et que l'ordre du pape ait été immédiat. Enfin, le corps électoral se réunit à nouveau et obéit au pape. Donc, le pape continue à triompher.

Dans le deuxième acte de cette affaire, les rôles sont renver-

---

communis assensus ». Cette affirmation est suspecte, en présence de l'attitude de Manassès, pourtant partisan de cet élu, Étienne de Garlande. Ive de Chartres parlant de « quelques clercs et de quelques laïcs excommuniés » fait comprendre que des laïcs entraient dans la composition du collège électoral.

1. Voir ci-dessus, p. 28.

2. Ainsi, pour une élection qui se passe à Cambrai, le pape charge Manassès, archevêque de Reims et métropolitain de Cambrai, de convoquer le collège électoral. Manassès d'ailleurs semble l'avoir fait d'assez mauvaise grâce, à en croire la lettre 97 d'Ive à Lambert (*Hist. de Fr.*, t. XV, p. 113.)

sés. C'est le pape qui exercera les pouvoirs « actifs » et le roi son pouvoir « négatif ». Le pape oblige à procéder à une nouvelle élection et y fait triompher un candidat adverse, « son » candidat probablement. Puis, malgré le roi, malgré les manœuvres du métropolitain, malgré le serment du roi et du candidat désigné, il le sacre. Mais, tandis qu'il a triomphé sur l'élection même, il est battu sur ce point (comme tout à l'heure le roi), parce que Galon, non investi, n'est pas véritablement évêque de Beauvais et ne le sera jamais. En effet, le pouvoir du roi (pouvoir purement négatif en ces circonstances), se montre en ce qu'il refuse de donner son assentiment (*praebere assensum*) à l'élection de Galon, de l'investir et de le mettre par là en possession des régales de l'évêché et en ce qu'il influe certainement sur la conduite du métropolitain. Et enfin il s'arroge le droit de faire participer son fils à un serment, qu'il prête lui-même, « que jamais Galon ne sera évêque de Beauvais ». En somme, il triomphe maintenant, négativement, comme le pape tout à l'heure, vis-à-vis d'Étienne de Garlande [1], car effectivement Galon ne sera pas plus évêque qu'Étienne. Le métropolitain intervient pour empêcher, par des ruses dilatoires, les électeurs de Galon d'aller chercher justice à Rome et surtout exerce aussi son pouvoir « négatif » en refusant de consacrer l'élu [2], ce qui n'a pas d'ailleurs une importance considérable puisque le pape peut le consacrer à défaut du métropolitain, comme on le vit dans cette même affaire. Enfin, le corps électoral, de nouveau scindé, se trouve composé d'une majorité qui élit un candidat et qui, en somme, est battu, puisque son candidat élu ne devient pas son évêque, et d'une minorité bien plus active que la soi-disant majorité du collège électoral, puisqu'elle proteste énergiquement auprès du roi et qu'elle finit par triompher. En effet, l'élu contre lequel elle proteste n'arrive pas à se faire reconnaître effectivement évêque. Donc, échec du pape qui joue ici un rôle actif ; triomphe du roi qui joue un rôle négatif.

Dernière phase de l'affaire. Le pape, le roi et le clergé de Paris

1. C'est par erreur que M. Imbart de La Tour (*Les élections épiscopales dans l'Église de France*, p. 444) nous montre Philippe triomphant avec Étienne de Garlande.

2. Peut-être refuse-t-il de le consacrer parce qu'il n'est pas investi : cela corroborerait la thèse que nous soutenons.

s'étant entendus tacitement, Galon est nommé à Paris. Le roi cède, « pour faire plaisir au pape », et consent à cette élection. Le pape cède, pour les mêmes raisons, et donne la dispense de translation au métropolitain, puis consacre lui-même Galon. Le métropolitain joue un rôle passif : il a le pouvoir de faire une translation, mais sur dispense du pape.

En somme, cette histoire nous apprend que ni le roi ni le pape, malgré tous leurs droits et tous les pouvoirs qu'ils s'arrogent, ne sont capables d'imposer ni l'un ni l'autre le candidat-évêque qui leur convient sans le consentement de l'autre [1] ; que chacun, d'autre part, a des pouvoirs suffisants pour empêcher absolument de devenir évêque celui dont il ne veut à aucun prix : ni Galon, faute d'avoir le pouvoir temporel, ni Étienne de Garlande, faute d'avoir le pouvoir spirituel ne furent évêques de Beauvais.

L'ensemble des droits et pouvoirs du pape et du roi, tels qu'ils se dégagent de cette affaire, est donc : une grande *influence* pour faire arriver tel candidat et un *veto* à peu près absolu, par refus de consécration (pape) ou d'investiture (roi). Le pouvoir du métropolitain apparaît surtout comme un pouvoir intermédiaire, qu'il s'agisse de convoquer le collège électoral, de procéder à une translation (sur dispense) de consacrer même. Ce dernier pouvoir, il le partage avec le pape, ce qui rend son refus de consécration sans portée, puisque le pape peut le remplacer alors.

Sur les opérations du collège électoral nous restons mal renseignés faute de procès-verbaux précis. Étrange est le pouvoir d'une minorité dans l'élection d'Étienne, si nous en croyons Ive de Chartres. Étrange le peu de prestige de l'unanimité « du clergé et du peuple », si nous en croyons la lettre par laquelle les clercs de Beauvais sollicitent l'appui de Lambert, évêque d'Arras [2]. En somme, le corps électoral nomme qui il veut, sans s'inquiéter de savoir si le candidat remplit les conditions canoniques exigées ; le même cas se produira à Laon en 1106. Ce collège n'est jamais tout-puissant, puisque, élisant le candidat du roi ou le candidat du pape, il ne peut arriver à avoir un évêque. Pour qu'il ait le pouvoir de faire devenir véritablement

---

1. M. Labande a contesté (*Rev. Critique*, t. LIX, p. 327, n.) qu'il y ait eu dans cette affaire de Beauvais conflit de droits ; il n'y a vu qu'une lutte de pouvoirs.

2. Voir ci-dessus, p. 28.

évêque son élu, il faut qu'il ait avec lui et le pape et le roi, ce qui est nécessairement assez rare. Tout s'arrange néanmoins d'ordinaire parce que, la plupart du temps, l'un des deux cède, lassé par la lutte [1].

Ainsi, les droits du roi et du pape en matière d'élection épiscopale, sont des questions de fait plus que des questions de principe. Tout le monde viole l'ancien droit avant, pendant et après l'élection : le roi abuse de ses prérogatives contre les règles canoniques ; le pape lutte, de son côté, pour restreindre les droits royaux. Ils font chacun triompher leur pouvoir« de fait » en entravant l'action de leur adversaire. Ils échouent, et leur pouvoir « théorique » est impuissant contre le pouvoir de fait de l'adversaire.

II

L'évêché de Paris.

Au moment même où Galon et son compétiteur Étienne de Garlande se disputaient le siège de Beauvais, l'évêque de Paris Guillaume vint à mourir (1103). Les clercs de cette ville, sous l'influence des archidiacres Bougrin et Étienne et peut-être sous sous la pression du pouvoir royal, choisirent pour les remplacer le doyen de Paris Foulque, qui avait déjà administré le diocèse pendant un voyage fait par Guillaume en Palestine. Mais cette élection fut vivement combattue dans l'église même de Paris, et la lutte fut encouragée par Ive de Chartres, qui en voulait au nouvel élu d'avoir pris parti contre lui à diverses reprises et notamment dans l'affaire de Païen [2].

Dans une lettre qu'il écrivit alors aux archidiacres Bougrin et Étienne, il s'éleva contre cette élection, à laquelle manquaient, disait-il, « le consentement du clergé et du peuple » et tout au moins « l'approbation du métropolitain et des évêques suffragants » [3]. Les partisans de Foulque décidèrent alors de sou-

---

1. Ce qui pouvait arriver, c'est que le métropolitain consacrât et que le roi investît contre la volonté du pape, qui était dès lors impuissant.

2. Cf. ci-dessus, p. 70. Foulque avait également pris parti contre Ive en faveur de Hugue de Puiset. Cf. Luchaire, *Louis VI le Gros*, Annales, n° 24.

3. Ive de Chartres, lettre 138, dans les *Hist. de Fr.*, t. XV, p. 127.

mettre le cas au roi [1]. Il protesta contre cette procédure, revendiquant le jugement de l'affaire pour le métropolitain, qui seul avait le droit d'en connaître [2]. Le roi voulut sauvegarder les apparences : il convoqua une assemblée d'évêques, à laquelle il ne manqua même pas d'inviter Ive [3]. Mais cette convocation même était anticanonique : ce n'était pas du roi, surtout d'un roi excommunié, mais du seul métropolitain qu'elle eût dû émaner. Foulque naturellement fut confirmé sur son siège épiscopal. Il ressortirait, d'autre part, d'une lettre écrite alors par Ive à Daimbert, archevêque de Sens [4], que celui-ci, afin d'entourer cette affaire d'une plus grande apparence de légalité, aurait lui-même ensuite convoqué Ive et que ce serait devant lui que se serait déroulée à nouveau la discussion, absolument superflue d'ailleurs à ce moment. Ive accepta de s'y rendre s'il obtenait un sauf-conduit et pressa Daimbert de porter de toute façon cette affaire au tribunal du Saint-Siège, le pape étant le seul juge autorisé. Il ne semble pas que Daimbert se soit rendu à ses exhortations ; le pape n'intervint pas, et le roi put sans difficultés imposer son protégé.

III

Élections régulières.

D'autres élections ne présentent aucune particularité. Malheureusement, nous n'avons pas de récits circonstanciés de ces élections où tout s'est passé « dans les règles ». Aussi est-il d'ordinaire difficile d'en suivre les différentes phases et de savoir à quel moment intervient le pape ou le métropolitain pour donner la consécration à l'élu et le roi pour lui donner l'investiture.

A Châlons, l'évêque Philippe, mort en 1100, est remplacé par Hugue, chanoine de Tulle [5], « grand ami de l'Église romaine » [6]. Cette élection ne semble avoir provoqué ni conflits ni difficultés.

1. Ive de Chartres, lettre 138, dans les *Hist. de Fr.*, t. XV, p. 127.
2. *Id.*, lettre 139, *loc. cit.*, p. 128.
3. Même lettre.
4. Même lettre.
5. Voir *Gallia christiana*, t. IX, col. 876
6. C'est l'expression dont se sert Ive de Chartres en parlant de lui, lettre 95, dans les *Hist. de Fr.*, t. XV, p. 112.

A Amiens, l'évêque *Gervinus* avait, en 1102, abandonné son siège épiscopal pour se retirer à Marmoutier. Il passait pour « faible d'esprit »[1]. Son successeur, nommé en 1104 seulement, fut, au contraire, Geoffroi, l'éminent abbé de Nogent[2], dont Guibert (qui l'y remplaça) fait un grand éloge[3]. Il n'était venu au collège électoral que comme représentant d'un archidiacre, portant un mandat pour l'élection ; à son grand étonnement, c'est lui qui fut nommé[4]. Une fois élu, une délégation se rendit auprès du roi pour lui demander son assentiment. Philippe, apprenant ce résultat, rendit grâce à Dieu, car Geoffroi lui était cher « en raison de sa sainteté » ; il confirma son élection, suivant l'usage, et donna ordre de procéder au sacre[5]. Acclamé et confirmé au concile de Troyes, où les électeurs le présentèrent au légat Richard d'Albano, il fut consacré à Reims par Manassès devant Lambert d'Arras.

L'attitude du roi ici est à remarquer. Il a sans doute prolongé à dessein la vacance du siège, pour le plus grand profit de son trésor, qu'alimentait le produit des régales ; mais il n'est intervenu en rien dans l'élection, n'a exercé aucune pression sur le corps électoral, et après l'élection, en face de ce prélat cher à l'église et cher à Rome, évêque modèle, d'après ce qu'en disent les ecclésiastiques du temps, il s'empresse de donner son assentiment, de faire hâter la cérémonie par laquelle il deviendra véritablement l'évêque d'Amiens et exprime son contentement de voir choisir un aussi saint homme. Que cette attitude lui ait été dictée en partie par les événements, le concile de Troyes et le concile de Beaugency, la présence de Richard d'Albano et sa prochaine absolution, c'est possible. Mais, en tout cas, il ne faut pas nous montrer en Philippe un roi hostile à toute honnêteté, à toute observation des règles canoniques, à toute personne vraiment « idoine » choisie pour être évêque. Il cherchait à avoir un clergé

---

1. S. *Godefridi Ambianensis episcopi vita*, dans les *Hist. de Fr.*, t. XIV, p. 175.

2. *Ibid.*

3. *De vita sua*, II, 2, éd. Bourgin (*Coll. de textes pour l'étude et l'enseign. de l'histoire*), p. 109.

4. Guibert, *loc. cit.*, p. 111, et S. *Godefridi vita, loc. cit.*

5. Telle est du moins la manière dont M. Imbart de La Tour, *Les élections épiscopales dans l'Église de France du IXe au XIIe siècle*, p. 445, interprète le texte de la *Vita Godefridi*.

B. Monod. — *Pascal II et Philippe Ier.*

docile et indépendant à l'égard de Rome, non un clergé corrompu. Lorsque le candidat-évêque ou l'évêque-élu n'est pas un de ces prélats tout dévoués à Rome et hostiles à la cause du roi et d'un clergé « gallican » et indépendant, le roi n'intervient même pas dans l'élection et s'en réjouit, au contraire, pour l'église. Dans le cas présent, il paraît que Geoffroi trompa l'attente de ceux qui l'avaient élu et que « la montagne », comme dit Guibert de Nogent, « accoucha d'une souris »[1].

À Meaux, en 1102, meurt l'évêque Gautier de Chambly. En 1103, il est remplacé par Manassès, un fin lettré. Au sujet de cette élection nous savons seulement que l'archevêque de Sens, Daimbert, avait convoqué ses suffragants pour l'examen canonique et la confirmation et qu'Ive de Chartres, en particulier, envoya son approbation par lettre, avec ses excuses de n'avoir pu se rendre à la réunion ; enfin que, sur les instances d'Ive, Daimbert consacra l'élu, après des difficultés surgies on ne sait d'où[2].

À Soissons, en 1104, l'élection de Manassès, fils du comte de Soissons, se fit sans difficultés ni contestations, après la mort de l'évêque Hugue de Pierrefonds, qui s'était croisé en 1101 et avait succombé deux ans après à Aquila en revenant d'Orient[3].

À Beauvais, le transfert de Galon[4] n'avait pas été une solution. Philippe ne voulait pas indisposer Pascal en imposant Étienne de Garlande, et d'un commun et tacite accord, on procéda à une nouvelle élection. Geoffroi de Pisseleu, qui était candidat, était peu estimé dans le clergé réformiste : en effet, en 1096, au moment de l'élection de Sanche au siège d'Orléans, Ive de Chartres avait écrit à Hugue de Lyon pour flétrir les manœuvres auxquelles il s'était livré alors en qualité de sous-doyen de l'église de Tours[5] pour favoriser contre Sanche l'archidiacre Jean, connu par sa débauche. En 1103, écrivant à Eude, chanoine de Saint-Quentin de Beauvais, Ive de Chartres lui parle d'un personnage dans lequel on reconnaît facilement Geoffroi et dont il dit se méfier beaucoup[6]. Geoffroi, comprenant que le

1. Guibert de Nogent, *loc. cit.*, p. 111.
2. Ive de Chartres, lettre 113, dans les *Hist. de Fr.*, t. XV, p. 120.
3. Cf. *Gallia christiana*, t. IX, col. 354.
4. Voir ci-dessus, p. 33 et 74.
5. Ive de Chartres, lettre 54, dans les *Hist. de Fr.*, t. XV, p. 88.
6. *Id.*, lettre 128, dans Migne, *Patrol. lat.*, t. CLXII, col. 138

roi ne laisserait point Galon entrer en possession du siège épiscopal de Beauvais tâtait le terrain pour essayer de prendre au
besoin sa place. Il avait donc demandé par Eude un entretien à
Ive de Chartres, afin de le pressentir et de se le concilier. Ive
disait en parlant alors de lui :

   ..... timeo Danaos et dona ferentes.

Pourtant il se laissa probablement gagner par les promesses de
l'intrigant, (promesses que celui-ci ne devait naturellement pas
tenir[1]) ; il ne fit aucune opposition à l'élection, et ce fut Geoffroi qui fut nommé (1105)[2].

<h2 style="text-align:center">IV</h2>

L'évêché de Laon.

La promotion de Gaudri à l'évêché de Laon se fit aussi en
vertu d'une élection régulière. On sait comment[3], après la mort
de l'évêque Enguerrand, les voix des clercs du diocèse de
Laon, s'étaient divisées entre deux candidats à l'évêché, également indignes l'un et l'autre, et dont le pape avait fait casser
l'élection. Pour celle de Gaudri, il ne semble pas qu'il y ait eu
pression de la part du roi ; il fut élu sans concurrent, bien que
ses mœurs et sa qualité de sous-diacre le rendissent peu digne
de l'épiscopat, et, malgré les protestations du doyen du chapitre,
Anseau, obtint de Pascal II sa confirmation.

Seul, ce dernier pouvait être blâmé pour sa faiblesse. Quant
au clergé de Laon, il avait l'évêque qu'il méritait : corrompu et
sans scrupule, il avait un prélat à son aune.

<h2 style="text-align:center">V</h2>

L'archevêché de Reims.

En 1106, mourut Manassès de Châtillon, archevêque de Reims[4].
Le clergé de Reims, subissant à la fois l'influence royale et l'in-

---

1. *Id.*, lettre 151, dans les *Hist. de Fr.*, t. XV, p. 132.
2. *Gallia christiana*, t. IX, col. 718.
3. Nous avons raconté cette élection ci-dessus, p. 48 et suiv.
4. *Gallia christiana*, t. IX, col. 80.

fluence pontificale, se divisa pour l'élection de son successeur[1] : les uns avaient pour candidat Raoul le Vert, prévôt de la cathédrale, les autres Gervais, fils de Hugue, comte de Rethel[2]. Quelques-uns même avaient pris parti pour Lambert, abbé de Saint-Martin[3] ; mais Lambert s'étant retiré, la lutte se trouva limitée entre Gervais et Raoul. Le pape favorisait Raoul le Vert : une partie importante du clergé s'associa à ses désirs et élut Raoul. Mais Philippe, qu'on n'avait même pas consulté sur cette élection, la tint pour nulle, la considéra comme un attentat à ses droits et favorisa dans la mesure de ses forces Gervais de Rethel. Celui-ci, se sentant appuyé par l'autorité royale, se fit reconnaître archevêque de Reims par une partie de la population et une fraction assez considérable du clergé et reçut l'investiture du roi. Du moins le voit-on alors entrer en possession des biens, droits et revenus de l'archevêché[4].

Il n'était ni ne fut, naturellement, consacré. Pascal, furieux de voir ses ordres à ce point méconnus, menaça la ville de Reims d'un interdit général si elle ne reconnaissait pas Raoul comme seul archevêque. Pour confirmer sa volonté, il cassa l'élection de Gervais, et sacra Raoul archevêque de Reims au concile de Troyes (1106)[5].

Il pourrait sembler que cet acte du pape, au cours d'un voyage en France pendant lequel il avait scellé son alliance avec Philippe, aurait été le résultat d'un accord entre les deux pouvoirs. Il n'en était rien. Il semble même que Philippe et Pascal eussent évité d'en parler. Philippe ne faisait un accord avec le pape que pour le protéger contre l'empereur, mais il prétendait rester libre de gouverner son clergé comme il l'entendait. Le pape, de son côté,

---

1. Pascal II avait profité de son voyage en France pour tâcher de détacher du parti de l'empereur Richer, archidiacre de Verdun, en lui offrant de le pourvoir de l'archevêché de Reims et de le faire consacrer aussitôt par son légat Richard d'Albano. L'archidiacre Richer, fidèle à l'empereur, avait refusé et avait obtenu aussitôt de Henri V l'évêché de Verdun en récompense (*Gesta episcoporum Virdunensium*, dans les *Mon. Germ., Script.*, t. X, p. 500). Pascal II le punit en l'excommuniant (Jaffé-Wattenbach, *Regesta*, n° 6104).

2. *Gallia christiana*, t. IX, col. 80.

3. Cf. Mabillon, *Annales Benedict.*, éd. de Lucques, V, p. 461.

4. On voit ici nettement la différence entre l'évêque-élu consacré et l'évêque-élu investi. Philippe, à qui on n'avait demandé ni l'assentiment ni l'investiture, se considérait à bon droit comme lésé et offensé.

5. Voir ci-dessus, p. 57.

tout en demandant aide et conseil au roi, ne voulait pas renoncer à ses prétentions de directeur suprême des églises de France.
Mais, par courtoisie d'hôte à hôte, chacun laissait l'autre faire ce
qui lui plaisait. C'est ainsi que Philippe laissa, sans même protester, le pape sacrer Raoul en plein concile de Troyes, tandis
que, de son côté, il faisait piller le territoire rémois et les
domaines ecclésiastiques, pour marquer son autorité, et continuait à soutenir Gervais contre son concurrent[1].

Le clergé était loin de s'associer aux désirs du pape. Ce
qu'Ive appelle « les plus sages et les plus dignes » ne semble
même pas avoir été la majorité. Les autres, ceux qui n'étaient
ni sages ni dignes, mais qui s'intitulaient fièrement « les clercs
de Reims », écrivaient à ce moment une lettre assez violente à
Raoul, étrange factum dans lequel ils lui conseillaient, à lui,
l'élu, le consacré du pape, de cesser d'être si cruel, c'est-à-dire
de cesser de faire valoir ses droits à l'épiscopat, et, mêlant l'in-
vective à la prière, lui demandaient de céder la place à Gervais de
Rethel[2]. Naturellement, Raoul n'en fit rien.

Cette situation durait depuis deux ans (1106-1108), lorsque
Philippe Ier mourut. L'affaire ne devait cependant pas tarder à
recevoir une solution. En effet, le pape ayant fini par jeter l'anathème sur la ville de Reims, le roi Louis VI dut être sacré à
Orléans[3]. Cela donna à songer au clergé de Reims. D'autre part, en
Philippe Ier, Gervais avait perdu son principal protecteur ; il en
était réduit, en cette même année 1108, à venir implorer le
pape qui, l'année précédente, avait cassé son élection, en arguant
que, Philippe disparu, personne ne le protégeait plus[4]. Bien
entendu, Pascal n'écouta pas ses plaintes, trop heureux de
voir le crédit de l'adversaire tomber de jour en jour. Cependant Louis VI, qui déjà, en 1106, avait soutenu Gervais[5], ne pouvait se décider, uniquement pour plaire au pape, à le désavouer et à accepter Raoul. Après une série de négociations dans
lesquelles nous n'avons pas à entrer, puisqu'elles dépassent les

1. Cf. ci-dessus, p. 60.
2. Voir cette lettre dans les *Hist. de Fr.*, t. XV, p. 199.
3. Voir la lettre 189 d'Ive de Chartres, dans les *Hist. de Fr.*, t. XV,
p. 144, et cf. Luchaire, *Louis VI le Gros*, Annales, n° 57.
4. Voir sa lettre au pape dans les *Hist. de Fr.*, t. XV, p. 42.
5. Cf. *Annales Cameracenses*, dans les *Mon. Germ., Script.*, t. XVI,
p. 511.

limites de notre étude, il finit cependant par consentir à reconnaitre ce dernier en exigeant seulement de lui un serment de fidélité par la main [1]. Le pape repoussait ce serment qui semblait engager l'indépendance du prélat [2] ; le roi, de son côté, eût préféré Gervais à Raoul : chacun, pour le bien et la paix de l'Église, fit des concessions. C'était la politique la plus sage. L'esprit de conciliation d'Ive de Chartres n'y était pas étranger [3].

Ainsi, dans cette affaire, nous assistons à un nouveau conflit entre le pape et le roi : une fraction des clercs de Reims a nommé Raoul, mais sans consulter le roi, c'est-à-dire sans lui demander la *licentia eligendi*. Le roi avait donc le droit de protester : il refuse l'investiture. Bien plus, il provoque la nomination (y eut-il véritable élection ? c'est difficile de le savoir) et soutient les prétentions d'un autre évêque, Gervais, que reconnaît une partie importante du clergé de Reims. Le pape donne la consécration à celui que le roi refuse d'investir et casse la soi-disant élection de Gervais, tandis que le roi, maître du temporel, investit celui que le pape rejette. Ive de Chartres proteste en faveur de l'évêque consacré ; les clercs de Reims protestent en faveur de l'évêque investi. Le pape jette l'interdit sur la ville de Reims en signe de mécontentement. La lutte dure deux ans. Après la mort du roi, Gervais sent son crédit décroître et le successeur de Philippe Ier doit consentir à reconnaître le candidat de Pascal, sauf à exiger de lui un serment de fidélité spécial. Le pape triomphe donc, mais avec une humiliation, et le roi ne cède qu'en faisant sentir sa suprématie. Chacun semblait à la fois céder et l'emporter ; la concilation prêchée par Ive de Chartres ramenait la paix dans l'Église.

1. Cf. Luchaire, *Louis VI le Gros*, Annales n°s 59 et 60.
2. Ive de Chartres, lettre 190, dans les *Hist. de Fr.*, t. XV, p. 146.
3. Voir ses lettres 189 et 190, *loc. cit.*, p. 144 et 146.

CHAPITRE III

I

Les différents pouvoirs en conflit dans les élections.

Il est assez difficile de dégager des conflits précédents l'usage
et la règle en matière d'élection épiscopale à la fin du règne de
Philippe Ier. Seules, en effet, les élections irrégulières nous sont
racontées avec quelque détail, et il serait vain, d'autre part, de
vouloir remonter au ixe et au xe siècle pour chercher à connaître
les règles du droit canon. Le droit canon évoluait avec le temps ;
l'usage modifiait la règle. Aussi, pour l'époque que nous étudions, en sommes-nous réduits à des conjectures.

Malheureusement tous ceux qui ont étudié ce problème se
sont attachés, sinon, comme M. Imbart de La Tour [1], à accommoder les textes à une théorie construite *a priori*, du moins à
rechercher dans ces textes les manifestations du pouvoir effectif
du roi et du pape, pour en conclure : le roi et le pape avaient
tel et tel droit en matière d'élection épiscopale, sans se soucier
de savoir si ces droits leur étaient régulièrement reconnus ou s'ils
se les attribuaient illégalement en vertu de leur influence ou de
leur force.

La question des investitures s'était posée d'une façon toute
différente en France et en Allemagne. En France, la lutte avait
mis en présence trois partis : le parti du pape, qui réclamait
l'abolition complète des investitures laïques, comme le décrétèrent
tous les conciles tenus sous Grégoire VII et Urbain II et comme
le proclamait Geoffroi de Vendôme dans ses opuscules ; le parti
du roi, qui défendait, au nom de la constitution féodale de la
France et des légitimes prérogatives du pouvoir royal, le maintien du droit du souverain en matière d'élection et d'investiture,

---

1. Imbart de La Tour, *Les élections épiscopales dans l'Église de France du
IXe au XIIe siècle (Étude sur la décadence du principe électif)*, Paris, 1890,
in-8°.

parti que nous avons vu à l'œuvre dans les affaires de Beauvais et de Reims, et dont le théoricien fut Hugue de Fleury[1] ; et enfin le tiers-parti, représenté par Ive de Chartres[2], qui finit par concilier le pape et le roi, en trouvant un terrain d'entente dans une nouvelle interprétation du droit d'investiture[3]. Le problème fut compliqué par la question du sacre : il s'agissait de déterminer laquelle précéderait l'autre, de l'investiture donnée par le roi ou de la consécration donnée par l'Église.

De fait, il était impossible d'enlever au roi tout droit d'investiture. Puisque les évêques recevaient un pouvoir temporel, des terres vassales de la couronne, auxquelles étaient attachés des droits temporels de justice, de péages, etc., il était juste que le roi gardât les mêmes droits sur la collation de ces terres que sur celle des terres seigneuriales. D'autre part, à une époque où la France était en train de se former et le pouvoir royal de se constituer, « l'obligation pour les évêques et les abbés de demander au prince l'investiture de leurs bénéfices était le lien le plus fort qui retînt encore l'Église dans une certaine dépendance du pouvoir temporel »[4].

Les abus du XIe siècle avaient provoqué une réaction contre ce droit ; la papauté réformatrice avait essayé de réduire ce pouvoir du souverain laïque dans l'Église. Elle n'y était pas arrivée. Nous devons maintenant examiner comment, sous Pascal II, le problème fut résolu.

II

Accord entre le pape et le roi.

Dans les élections que nous avons étudiées, nous avons vu que les différents éléments qui concouraient à la nomination d'un

---

1. Voir son *Tractatus de regia potestate et sacerdotali dignitate*, dans les *Mon. Germ.*, *Libelli de lite*, t. II, p. 465-494.

2. Voir Esmein, *La question des investitures dans les lettres d'Yves de Chartres*, dans la *Biblioth. de l'École des hautes études*, Sciences religieuses, t. I (1889), p. 139-178, et cf. A. Luchaire, dans Lavisse, *Histoire de France*, t. II, 2e partie, p. 218.

3. Comme nous le verrons plus loin, cette nouvelle interprétation consista à considérer l'investiture donnée par le roi comme purement temporelle, l'investiture spirituelle n'étant conférée que par le sacre.

4. Esmein, *loc. cit.*, p. 139.

évêque étaient le clergé, le peuple, le roi et le métropolitain ou le
pape. Le clergé et le peuple ne votaient pas tous les deux. L'expression *electus a clero et populo* ou *assensu cleri et populi*
n'est qu'un mot. Le clergé seul votait ; le peuple donnait ensuite
son assentiment.

Le roi jouait un rôle très important. D'abord, avant l'élection,
il jouissait des régales de l'évêché laissé vacant par la mort
de l'évêque, prolongeait cette vacance tant qu'il voulait, pour son
plus grand profit, et disposait pendant ce temps des prébendes et
des bénéfices attachés à l'évêché. Puis, sur la demande du clergé,
il accordait la *licentia eligendi*. Après l'élection, il donnait son
assentiment (*praebere assensum*). Et enfin il conférait à l'évêque
élu l'investiture des *regalia*, territoires épiscopaux et droits
attachés à ces territoires, et recevait en échange le serment de
fidélité. Le rôle du métropolitain consistait à convoquer le collège électoral et à consacrer l'élu, à moins que celui-ci ne deman-
dât sa consécration directement au pape [1].

Comme on le voit, le roi joue un rôle prépondérant dans les
élections épiscopales : il peut empêcher l'élection d'avoir lieu
et l'élu de devenir évêque en refusant la *licentia eligendi*, l'*assensus* ou l'investiture. De plus, par la recommandation, officieuse
ou officielle, il influence le choix des électeurs. Mais, comme
nous l'avons fait observer au sujet d'Étienne de Garlande et de
Gervais de Rethel, il peut empêcher, mais non pas imposer. Son
autorité n'est absolue qu'autant qu'elle est prohibitive. S'il a
contre lui le clergé, ou surtout le pape ou le métropolitain, qui
refusant la consécration, empêchent la reconnaissance de l'élu,
il est impuissant [2].

De même, le pape a, par la consécration, un pouvoir prohibitif
considérable puisque, en la refusant, il s'oppose d'une façon définitive à l'élection et élimine ainsi l'élu qui ne lui plaît pas. Nous

1. Voir, sur ce sujet, Paul Viollet, *Histoire des institutions politiques et
administratives de la France*, t. II, p. 342 ; A. Luchaire, *Histoire des institutions monarchiques de la France sous les premiers Capétiens*, 2ᵉ éd., t. II,
p. 59 et suiv. ; Esmein, *loc. cit.*, p. 144 ; Imbart de La Tour, *op. cit.*, p. 438
et suiv.

2. C'est ce qui est arrivé pour Étienne de Garlande qui, quoi qu'en ait dit
M. Imbart de La Tour, ne triompha jamais et ne fut jamais évêque de Beauvais
(cf. ci-dessus, p. 34). La conclusion qu'en tire M. Imbart de La Tour (*op.
cit.*, p. 444) est, partant, erronée.

disons ici le pape, non seulement parce que souvent les évêques se faisaient consacrer directement par lui, mais parce qu'il avait encore assez d'influence sur ses archevêques pour les empêcher de consacrer l'élu auquel il s'opposait. Ainsi, ce n'est que par cette influence du pape sur les métropolitains qu'on peut s'expliquer comment Étienne de Garlande, élu évêque de Beauvais sans concurrent, ne fut pas consacré par l'archevêque de Reims. Mais le pape n'a pas plus que le roi le pouvoir d'imposer son candidat : nous avons vu qu'il ne put triompher de Philippe Ier ni au sujet de Galon, ni au sujet de Raoul le Vert.

Il est incontestable que, pendant la période qui nous occupe, le roi a exercé ses droits d'une façon complète, absolue, qu'il n'a renoncé à aucun d'entre eux, et que, jusqu'à sa mort (l'élection de Reims, pendante depuis 1106, ne fut réglée que sous Louis VI), il défendit énergiquement ses prérogatives contre le pape réformateur, tout en lui témoignant un profond dévouement dans sa lutte contre l'empereur. Il entendait user de ses droits sans se soucier de la volonté pontificale et opposait à Pascal II une remarquable force d'inertie en appuyant Gervais de Rethel contre Raoul le Vert, mais sans rien brusquer, avec une certaine ironie, laissant, par exemple, le pape en plein concile de Troyes, proclamer Raoul archevêque de Reims, sans protester autrement qu'en refusant de le reconnaître et en continuant à appuyer Gervais.

On ne peut donc pas dire, avec M. Luchaire[1], que l'ingérence de Philippe Ier « dans la nomination aux prélatures », dès le commencement du xiie siècle, « ne se produisait plus sous les formes que le parti grégorien tenait pour illégales » et « que Philippe avait cédé sur ce point ». Il n'avait nullement cédé, et si l'on peut noter en cette période du règne de Philippe un revirement dans les rapports politiques entre le Saint-Siège et la cour de France, ce n'est pas dans un abandon que le roi de France aurait fait de ses droits et de ses prérogatives sur son clergé qu'il faut le chercher. Il y eut un compromis, cela est évident. L'attitude respective de Pascal et de Philippe de 1102 à 1104 et depuis l'absolution du roi jusqu'au voyage du pape en France dénote une politique nouvelle : elle est l'œuvre du tiers-parti, d'Ive de

---

1. A. Luchaire, dans Lavisse, *Histoire de France*, t. II, 2e partie p. 220-221.

Chartres, qui, dans l'intérêt de la papauté, de l'Église de France et de la réforme élle-même, amena le pape à transiger, à s'accommoder d'une situation qui sauvegardait les principes généraux de la réforme sans blesser le roi dans ses prérogatives les plus chères. En somme, il y eut des concessions de part et d'autre.

Il serait d'ailleurs erroné, nous l'avons déjà dit, de considérer le roi capétien comme opposant à la papauté une hostilité tenace et irréfléchie, pour le bon plaisir de faire triompher des prélats infâmes. Philippe a, sans doute, souvent vendu ou marchandé ses évêchés. Mais, de 1099 à 1108, son intervention dans les affaires du clergé a un tout autre caractère. Elle est légale, légitime du moins, quand, par la candidature officielle, il fait choisir par le collège électoral un évêque auquel il est favorable. Cette recommandation (que nous constations au moment de l'élection d'Étienne de Garlande à Beauvais) est plus discrète que la violence et la force avec laquelle Robert le Pieux imposait son candidat[1]. Et quand un conflit a éclaté, l'intervention royale peut encore se légitimer ; son opposition à l'action du parti ultramontain ou réformiste s'explique presque « en droit » : dans l'affaire de l'élection de Beauvais, il se pose en défenseur de l'élu du clergé ; c'est encore une fraction importante du collège électoral qu'il soutient dans l'affaire de l'élection de Reims. Son action, nous la voyons ainsi toujours unie à celle de son clergé ou de la partie du clergé qui, en cas de dissension, représente l'Église « gallicane » contre la faction ultramontaine. Et, au contraire, quand l'élection a été régulière, qu'elle s'est faite sans hésitations ni conflits, le roi s'empresse, en général, de l'approuver.

Par conséquent, si nous cherchons à dégager de ce que nous connaisssons de la conduite du roi vis-à-vis du clergé séculier et de l'épiscopat, en particulier, les bases de l'entente passée entre Philippe et Pascal, il ne faut considérer cette entente ni comme un abandon des prétentions du souverain ou comme un triomphe de la papauté réformatrice[2], ni comme un renoncement par Pascal à tous les principes défendus par Grégoire VII et

1. Voir Pfister, *Études sur le règne de Robert le Pieux*, p. 187.
2. C'est ce qu'affirme M. Luchaire, dans Lavisse, *Histoire de France*, t. II, 2e partie, p. 220.

Urbain II, mais comme un simple compromis, une entente tacite de ne rien faire de part et d'autre qui pût nuire aux intérêts légitimes du clergé, de la papauté et de la couronne. Si l'un des deux partis faillissait à ses engagements, l'autre ne se considérait plus comme lié : c'est ce que nous constations à Reims où des illégalités avaient été commises de part et d'autre.

Le point spécial de cette entente fut la question des investitures.

III

La question des investitures.

Au début de la querelle des investitures, c'est-à-dire au milieu du xie siècle, et spécialement à la fin du pontificat de Grégoire VII, la papauté s'était opposée à toute investiture émanée du pouvoir civil. Mais une telle intransigeance ne pouvait triompher, malgré les efforts et l'énergie que déploya Urbain II. La papauté ne pouvait d'ailleurs prétendre à ce que le roi cédât des terres qui relevaient de lui à des évêques nommés sans son approbation et sans qu'il pût leur en conférer l'investiture, comme il le faisait pour tous ses vassaux.

D'autre part, le roi n'avait jamais eu la prétention de conférer l'investiture spirituelle. Il s'en souciait fort peu[2], et voulait seulement conserver son influence, bien légitime, sur des évêques qui étaient des princes temporels Si, pendant le xie siècle, l'investiture se donnait *annulo et baculo*, c'est-à-dire par le symbole du mariage de l'Église avec l'évêque (l'anneau) et de la houlette pastorale[3], c'était en vertu d'une vieille tradition, mais sans que le souverain laïque y attachât une valeur spirituelle.

Le conflit résultait, au fond, d'un malentendu ; il suffisait de remettre les choses au point : ce fut l'œuvre d'Ive de Chartres.

---

1. Comme le dit M. Luchaire, *op. cit.*, p. 222.
2. Cf. Paul Viollet, *op. cit.*, t. II, p. 343.
3. Cf. Phillips, *Kirchenrecht*, t. VIII, p. 350, et Hinschius, *Das Kirchenrecht der Katholiken und Protestanten in Deutschland*, t. II p. 529 et 540, n. 3 et 4.

Tandis que Geoffroi de Vendôme et le parti réformiste avancé considéraient l'investiture comme un sacrement et la collation de l'investiture par un laïc comme un sacrilège [1], Hugue de Fleury déclarait que, le roi représentant dans le royaume l'image du Père et l'évêque celle du Christ, « les évêques du pays devaient être soumis au roi comme le fils au père » et concluait en disant que le roi « pouvait donner l'épiscopat à un clerc religieux », c'est-à-dire nommer les évêques [2].

Ive de Chartres concilie tout le monde par sa théorie nouvelle. Il commence par établir [3] que c'est une question toute politique, et non religieuse, qui touche non au dogme, mais au temporel de l'Église ; que le mode d'investiture est indifférent [4], puisqu'en la conférant le souverain ne prétend pas conférer un don spirituel, mais simplement mettre l'évêque en possession des biens de son évêché [5].

Le pape condamne encore les investitures laïques au concile de Troyes (1107), et l'accord qui se fit peut-être alors entre le pape et le roi [6] reposa (sur ce point spécial de l'investiture) sur une double concession : le pape renonça à interdire toute investiture au roi ; le roi, de son côté, renonça à investir *annulo et baculo* [7]. La royauté n'en est pas affaiblie pour cela ; elle reste maîtresse des régales et du domaine épiscopal et garde une influence considérable sur l'élection.

1. *Opuscula*, dans Migne, *Patrol. lat.*, t. CLVII, col. 216.
2. Hugue de Fleury, *Tractatus de regia potestate*, § 3 et 5. éd. Sackur, dans les *Mon. Germ., Libelli de Lite*, t. II, p. 468 et 472.
3. Lettre 60, dans les *Hist. de Fr.*, t. XV, p. 92.
4. Geoffroi de Vendôme, au contraire, n'admet pas l'investiture *annulo et baculo* (*Opuscula, loc. cit.*, col. 220).
5. Cf. Esmein, *La question des investitures dans les lettres d'Yves de Chartres*, dans la *Biblioth. de l'École des hautes études*, sciences religieuses, t. I, p. 148.
6. Accord qui résulte de toute la politique qui suit ce concile. — Cf. Luchaire, dans Lavisse, *Histoire de France*, t. II, 2ᵉ partie, p. 220.
7. On ne peut pas dire avec M. Luchaire. *loc. cit.*, p. 220, que désormais « Philippe ne pratique *plus* l'investiture spirituelle » — il n'avait jamais prétendu la pratiquer ; — ni que Philippe « cessa de recevoir l'hommage féodal des évêques » : il était loin de renoncer à ce serment qui liait l'évêque à la couronne. Même après la mort de Philippe, Louis le Gros exigea un serment analogue, qui a une grande importance, de Raoul le Vert, archevêque de Reims, et ce n'est qu'à la suite de ce serment qu'il consentit à le reconnaître comme évêque et à l'investir. Voir ci-dessus, p. 86.

IV

Investiture et consécration.

Mais si cet accord put se produire sur le fait même de l'investiture, il reste une autre question de droit canon, moins bien élucidée aujourd'hui, non moins importante au xiie siècle, celle de savoir si l'investiture donnée par le roi devait précéder ou suivre la consécration donnée par le pape ou par le métropolitain.

Le problème est important parce que, si la consécration est préalable, l'autorité du roi est annihilée ou, en tout cas, fort affaiblie ; si, au contraire, l'investiture précède la consécration, le roi reste, au fond, le maître des élections : le pape peut protester en ne consacrant pas celui que le roi a investi, mais il est bien moins fort pour faire triompher son candidat.

Or les historiens diffèrent complètement d'opinion sur ce point : les uns, comme M. Luchaire, disent formellement que l'investiture suivait la consécration [1] ; les autres, comme M. Esmein, qu'elle était toujours antérieure [2]. Cette dernière opinion nous paraît la plus conforme aux textes. En effet, comme l'a fait remarquer M. Esmein [3], Geoffroi de Vendôme s'élevant, dans un de ses ouvrages [4], contre les abus auxquels l'investiture donnait lieu, demande que cette investiture, s'il est impossible de l'éviter, soit du moins postérieure, et non antérieure à la consécration. Ainsi, disait-il, on ne pourrait supposer de la part du laïc une intention de sacrement. Ce point de vue purement théologique s'accordait parfaitement en cela avec le point de vue politique du Saint-Siège, qui recherchait dans cette priorité un moyen de s'assurer une plus grande influence dans le recrutement de l'épiscopat. En effet, si la consécration précédait l'investiture, le roi serait bientôt forcé de renoncer à s'opposer à un évêque élu et consacré et se verrait contraint de l'investir, faute

---

1. Luchaire, *Hist. des institutions monarchiques*, 2e éd., t. II, p. 80. Cependant, dans son *Manuel des institutions françaises*, p. 509, M. Luchaire est revenu de cette affirmation : il a distingué deux périodes et admis qu'avant la réforme grégorienne l'investiture précédait la consécration, tandis qu'à partir de Louis le Gros elle la suivit toujours.

2. Esmein, *loc. cit.*, p. 175,

3. Esmein, *loc. cit.*, p. 154.

4. Migne, *Patrol. lat.*, t. CLVII, col. 220.

d'en pouvoir investir un autre qui n'aurait point reçu encore la
consécration. Mais si Geoffroi de Vendôme réclame cette mesure,
c'est qu'elle n'était pas pratiquée d'ordinaire ; et ce fait nous
permet de dire qu'au moins pendant tout le règne de Philippe Ier,
l'investiture ne cessa de précéder la consécration.

Malheureusement, comme nous ne possédons de récit détaillé
d'aucune élection régulière, nous ne pouvons vérifier cette théorie dans les faits. Nous voyons, au début du XIIe siècle, le pape
et le roi en user à leur guise, le roi investissant ceux que le pape
ne consacre pas (Gervais de Reims) et le pape consacrant ceux
que le roi n'investit pas (Raoul et Galon). Mais ces faits se sont
produits à des heures de trouble, à des moments d'anarchie. La
règle générale paraît bien avoir été que l'investiture précédât la
consécration[1].

V

Conclusion.

Le résultat de la politique pacifique de Pascal et de Philippe
fut donc, autant que nous pouvons le supposer, un accord par
lequel chacun s'engageait à ne pas entraver l'exercice régulier
des institutions ecclésiastiques : le roi, à ne pas faire d'opposition aux élections régulièrement faites, à ne pas abuser de son
pouvoir sur le clergé séculier ; le pape, à observer de son côté la
même neutralité. Cette neutralité réciproque cesse dès que
l'élection est irrégulière, comme à Reims, et chacun use alors de
sa force aux dépens du droit.

L'union de la France et du Saint-Siège qui résolvait de cette
façon la question de la réforme, posée cinquante ans auparavant,
avait à ce moment des raisons supérieures aux principes de cette
réforme : le danger, pour Pascal, venait de l'autre côté du
Rhin. Aussi le roi et le pape cédèrent-ils chacun, l'un à l'autre,
le roi pour n'investir pas spirituellement, le pape pour n'interdire pas toute investiture.

Quant à la question de priorité de l'investiture ou de la consécration, nous croyons que Philippe continua jusqu'au bout à

1. Cf. Imbart de La Tour, *op. cit.*, p. 348.

observer la coutume du xie siècle, à exercer l'investiture préalable. En cédant plus tard sur ce point, Louis VI devait se montrer un continuateur peu fidèle de l'œuvre entreprise par son père.

D'ailleurs, si l'œuvre de Philippe Ier ne s'est pas réalisée, la faute n'en est pas à Louis VI tout seul. L'épiscopat lui-même ne se rendait pas bien compte de ses intérêts, de ses besoins, de ce qui faisait sa force et son indépendance. En cherchant à échapper à l'autorité des archevêques, qu'ils sentaient trop près d'eux, pour ne dépendre que du pape, dont le pouvoir plus éloigné leur semblait moins pénible à supporter, les évêques en arrivèrent à amoindrir leur indépendance nationale au profit de la suprématie du Saint-Siège. Le mouvement commencé au ixe siècle, à la faveur des fausses décrétales pour émanciper les évêques du pouvoir des métropolitains, aboutit, au xiie, à la diminution du pouvoir et des métropolitains, et des évêques, au profit de la papauté.

Ce n'était pas là ce qu'avait voulu Philippe Ier. Il avait rêvé une France unie, un clergé collaborant à l'œuvre nationale, indépendant, soumis à son roi, et non à Rome. Son successeur n'a pas compris son œuvre ; la papauté, avec qui Philippe avait pourtant fini par savoir vivre en bonne intelligence, s'est montrée plus exigente avec Louis VI qu'avec son père. Louis a cédé ; il a laissé l'épiscopat s'affaiblir, et a préparé ainsi le triomphe de la papauté.

DEUXIÈME PARTIE
LE CLERGÉ RÉGULIER

CHAPITRE PREMIER

LE MONACHISME A LA FIN DU XIe SIÈCLE

Au moment où Pascal II arrivait au trône pontifical, le clergé régulier, en France, traversait une crise qui devait, au cours du xiie siècle, être caractérisée par la décadence définitive de Cluny et l'élévation d'ordres de moines (Chartreux et Cisterciens) et de chanoines rivaux.

Pendant tout le xie siècle, Cluny avait grandi d'une manière continue. « Devenue puissance territoriale et politique », cette abbaye « avait cessé d'être, pour les fervents, un objet d'édification »[1]. Sa richesse même, qui entraînait ses membres à la mollesse, fut cause de sa ruine. Certes, l'abbé Hugue, qui ne mourut qu'en 1109, ne devait pas assister à une chute précipitée de la grande abbaye ; mais déjà des scissions se produisaient. L'ascétisme exagéré que professaient ceux qui, comme Robert de Molesmes, ou comme Bernard de Saint-Cyprien de Poitiers[2], embrassaient la vie érémitique, était une protestation contre la vie relâchée et somptueuse des moines clunisiens. Après avoir été le principal instrument de la réforme grégorienne, ils allaient, par leur conduite, battre en brèche et les principes de cette réforme et ceux même qui avaient présidé à l'institution de leur règle. La puissante organisation qui rattachait à l'abbaye-mère tous les établissements dépendant d'elle, enlevant toute indépendance à ceux-ci pour renforcer l'autorité de celle-là, pesait souvent aux monastères ainsi soumis[3]. De sorte que les uns par

---

1. Luchaire, dans Lavisse, *Histoire de France*, t. II, 2e partie, p. 260.
2. Pour Bernard, qui, après avoir été abbé de Saint-Cyprien de Poitiers devait fonder l'abbaye de Tiron, voir sa Vie par Geoffroi le Gros, dans Migne, *Patrol. lat.*, t. CLXXII, col. 1367 et suiv.
3. Cf. ci-dessous, p. 107, n. 4, et 109, n. 2.

désir d'indépendance, les autres par besoin d'austérité cher-
chèrent à se séparer de Cluny.

Cluny, qui, au xi⁰ siècle, avait réformé le clergé régulier en
France, avait besoin d'être réformé à son tour. Il nous suffira de
citer, dans la période du règne de Philippe Iᵉʳ qui précède l'avènement de Pascal II, la fondation de Saint-Martin de Pontoise
(1069), de Grandmont (1073), de Molesmes (1075), de la Grande
Chartreuse (1084), de Fontevrault (1096), de Citeaux (1099),
pour montrer la force du mouvement qui réagit contre l'ordre de
Cluny, en lui opposant des établissements rivaux, qui, tout en
restant, comme lui, extérieurement attachés à la règle bénédictine,
prétendaient l'observer avec plus de rigueur.

Cluny et ses nombreuses filiales avaient trop manifesté, par
l'exemption, leur indépendance vis-à-vis de l'épiscopat, pour
que celui-ci ne cherchât pas à favoriser ce mouvement. Il trouvait d'ailleurs des alliés parmi les abbés des monastères dépendant d'un chef d'ordre exempt, qui, comme Bernard, abbé de
Saint-Cyprien de Poitiers, préféraient relever de leur diocésain,
qui les favorisait, que de leur chef d'ordre, qui les opprimait.
Au xiiᵉ siècle, l'abus était devenu tel, que saint Bernard, qui, en
matière épiscopale, condamnait la simonie, l'investiture et
même toute ingérence du pouvoir laïque dans les élections, n'hésita pas à attaquer violemment cette habitude qu'avait prise le
Saint-Siège d'enlever les monastères à leurs chefs naturels, les
évêques diocésains, pour se les attacher directement.[1] Mais au
xiᵉ siècle déjà cette idée avait fait des adeptes : dès le début,
les Chartreux et les Cisterciens déclarent soumission et fidélité à
leurs évêques. Bien plus : c'est l'évêque de Grenoble que les
Chartreux choisissent comme supérieur ; ils s'astreignent à n'avoir
que des prieurs dans leurs établissements ; et les Cisterciens
(Clairvaux, dont saint Bernard sera abbé, est une des filles de
Cîteaux) prétendent rester dépendants de leur évêque et ne pas
demander de privilège d'exemption.

Dans la suite, cette belle conduite ne sera plus observée ; le
mouvement d'exemption gagnera les ordres nouveaux, comme il
avait gagné toutes les abbayes bénédictines. Du moins les fon-

---

1. Cf. Luchaire, dans Lavisse, *Histoire de France*, t. II, 2ᵉ partie, p. 272-
274.

dateurs de ces nouveaux ordres avaient-ils observé que l'exemption, qui faisait la force de Cluny et de tant d'autres établissements réguliers, était une des causes de conflit avec le clergé
séculier, en même temps qu'une des causes de l'orgueil insensé,
auquel ils s'étaient laissés entraîner ; par réaction, ils n'avaient
pas hésité à déclarer d'avance soumission et obéissance à l'épiscopat et s'étaient ainsi assuré son appui.

Cela nous explique leur vogue et la protection, les donations, les confirmations que leur prodigua le clergé séculier.
Molesmes et Citeaux furent comblés par les évêques ; Bernard,
abbé de Saint-Cyprien de Poitiers, fut soutenu par l'épiscopat
dans sa lutte contre Cluny [1] ; Pierre, évêque de Poitiers, confirma
la fondation de Fontevrault [2] ; et quand Cîteaux fut recommandé
à Pascal II, ce fut sur la demande des évêques que celui-ci lui
conféra un privilège, dans lequel d'ailleurs la mention « salva
episcopi canonica reverentia » était une garantie de la soumission
de l'ordre au diocésain [3].

Pour les mêmes raisons, avec le même but, l'épiscopat favorisa à cette époque l'extension des abbayes de chanoines réguliers.
Et c'est ainsi qu'au milieu des désordres qui déshonoraient les
établissements monastiques et sur les ruines mêmes de Cluny, un
clergé séculier nouveau et plus pur commençait à se développer
et à attirer à lui toutes les faveurs.

1. Cf. ci-dessous, p. 107, n. 4.
2. *Gallia christiana*, t. II, col. 1311, et *instrum.*, col. 335.
3. Jaffé-Wattenbach, *Regesta*, n° 5842 (19 oct. 1100).

CHAPITRE DEUXIÈME

L'EXEMPTION

I

Pouvoirs de l'évêque sur le clergé régulier [1].

Pour comprendre la valeur des privilèges accordés par le Saint-Siège aux monastères, pour apprécier le rôle joué par le pape dans les affaires du clergé régulier, il faut d'abord déterminer quelle était la situation de ce clergé vis-à-vis de l'épiscopat.

L'évêque avait, d'abord, le droit de juger toutes les causes des réguliers établis dans le diocèse dont il était le chef spirituel. En vertu de ce droit de juridiction et de correction, il pouvait enquêter et juger ; puis, châtier les coupables ; enfin, commander. et promulguer des statuts. Rarement, ce droit est indiqué avec précision dans les privilèges pontificaux ; il y est fait allusion cependant lorsqu'il est question du pouvoir qu'a l'évêque d'excommunier ou d'interdire [2] : car l'excommunication et l'interdit sont par excellence les armes épiscopales. Parfois aussi on parle de son droit de commander [3] et de promulguer des statuts [4]. Enfin, c'est au pouvoir général de juridiction que se rattache le droit qu'à l'évêque de contrôler la gestion financière

---

1. *Jurisdictio ordinaria* ou *diocesana*. Cf. Phillips, *Kirchenrecht*, t. VI, p. 90 ; Hinschius, *Kirchenrecht*, t. II, p. 38 et 43. Ces deux auteurs ont d'ailleurs traité la question fort superficiellement et n'ont approfondi ni les différents droits de l'évêque, ni les formes de l'exemption. Voir aussi Thomassin, *Ancienne et nouvelle discipline de l'Église*, 2° éd., t. II, livre III, ch. cxi.

2. « Interdictionis jactura » (Jaffé-Wattenbach, *Regesta*, n° 5844), « excommunicare », « interdicere » (*Ibid.*, n°⁵ 5845, 5847, 5920, 6033, 6127, 6128, etc.). Nous savons que Hugue de Lyon interdit le monastère de Savigny (voir ci-dessus, p. 16, n. 4) et que Norgaud d'Autun interdit celui de Vézelai (*ibid.*).

3. « Imperare » (Jaffé-Wattenbach, *Regesta*, n° 6128).

4. Voir une bulle de l'année 1107 (*ibid.*, n° 6137).

des abbés, de régler les différends, de rétablir la discipline, de
réorganiser les établissements dont les mœurs s'étaient relâchées.

Mais le pouvoir primordial de l'évêque était de faire des
prêtres, et dans le cas présent, comme il s'agit de moines, de
consacrer l'abbé [1]. En échange de cette confirmation, il lui
demandait une profession d'obédience [2]. Il était canonique que ce
fût l'évêque du diocèse (à condition, naturellement, qu'il ne fût
pas excommunié) qui consacrât l'abbé. Un des effets de la
réforme du xie siècle fut de faire consacrer les abbés directement par le pape et de les dégager ainsi encore plus complètement de la dépendance épiscopale, dont la profession était l'affirmation la plus pénible pour l'abbé. Le même but était atteint
par la permission donnée à ce dernier de se faire consacrer par
l'évêque qui lui plaisait, ce qui était peu canonique. Ce sont là
des exceptions aux règles que nous étudions présentement et sur
lesquelles nous aurons à nous expliquer plus tard.

Outre son pouvoir de consécration, l'évêque avait encore celui
d'ordination des moines qui voulaient « être promus dans les
ordres sacrés », c'est-à-dire prendre leurs grades, et des prêtres,
clercs et chapelains [3]. Et ces ordinations donnaient lieu à la per-
ception d'une redevance, que les moines d'ailleurs se refusaient
souvent à verser [4]. Quant au pouvoir d'*ordinare abbatem in
prioratu vel cella monasterii* [5], il semble que c'était le droit de
transformer un prieuré, une *cella*, maison dépendante de l'abbaye, en un établissement indépendant, ayant un abbé à sa tête.
Il avait pour contre-partie le pouvoir de réduire une abbaye en
un simple prieuré [6], c'est-à-dire de lui enlever son indépendance.

En vertu de ce même pouvoir de consécration, c'était l'évêque
qui consacrait, non plus les individus, mais les édifices ; et le
mot *consecratio* a toujours ce sens quand il est employé seul

---

1. Jaffé-Wattenbach, *Regesta* n°s 5821, 5847, 5920, 5924, 6033, 6128.
2. *Ibid.*, n°s 5821, 5918.
3. *Ibid.*, n°s 5893, 5920.
4. *Ibid.*, n°s 5893, 5924 (dans cette dernière bulle, on stipule que les ordinations seront faites gratuitement).
5. *Ibid.*, n° 5845.
6. *Ibid.*, n° 6004 (« redigere abbatiam in cella »). C'est ce qui arriva pour
Saint-Éloi de Paris, transformé, en 1107, en prieuré de Saint-Maur-des-
Fossés. Voir Luchaire, *Louis VI le Gros*, Annales, n° 49.

au pluriel [1]. L'évêque autorisait la fondation des églises, des chapelles, des autels [2], puis il venait les consacrer [3]. Enfin, l'évêque avait le monopole du chrême et de l'huile pour son diocèse : c'était à lui que les moines devaient en demander pour leur usage [4] ; et ils devaient, en échange, lui payer une redevance, s'il l'exigeait [5].

D'autre part, l'évêque devait, en vertu de son pouvoir de juridiction, contrôler la gestion financière des monastères et surveiller la conduite des moines qui y vivaient, et pour cela y venir, y séjourner, y faire des *stationes* [6], séjours souvent très coûteux pour les abbayes, vu la suite de l'évêque qu'il fallait loger et nourrir. Pour éviter les abus, la papauté avait réduit ce droit à une « station » par an. Mais les visites à l'abbaye se prolongeaient par l'inspection des chapelles dépendantes, entraînant des frais nouveaux, appelés *parata* [7]. Enfin, l'évêque touchait un cens spécial (*circata* ou *circada*) pour l'inspection des chapelles, des *cellac*, des autels. Toutes ces dépenses étaient souvent désignées en bloc par l'expression *sumptus* [8].

D'effectives qu'elles étaient d'abord, elles n'avaient d'ailleurs pas tardé à se transformer en simples redevances, que l'évêque touchait sans venir en personne. Ainsi, la somme à débourser restait invariable et les monastères n'avaient plus à subir les ennuis de l'inspection épiscopale. Mais, par cela même, il

---

1. Jaffé-Wattenbach, *Regesta*, n°s 5920, 5924, 6128. — Au singulier, le mot *consecratio*, désigne toujours la consécration donnée à l'abbé ; au pluriel il est synonyme de dédicace.

2. *Ibid.*, n° 5847. — Cf., dans Orderic Vital, *Hist. eccl.*, X, 9, éd. Le Prévost, t. IV, p. 65-66, le récit de la dédicace de Saint-Évroul et le *Cartulaire de Saint-Bertin*, éd. Guérard (Coll. des documents inédits), p. 224.

3. Jaffé-Wattenbach, *Regesta*, n°s 5847, 5893, 5924, 6128.

4. Voir saint Anselme, lettres, IV, 61, dans Migne, *Patrol. lat.*, t. CLIX, col. 235.

5. Jaffé-Wattenbach, *Regesta*, n°s 5847, 5893, 5924, 6033, 6128. D'autres termes expriment la même idée, insistant sur le genre spécial de dépenses, que ces stations entraînaient : *convivia* (*ibid.*, n° 6137) et son synonyme *obsonia* (*ibid.*) et enfin le terme *cœna* (*ibid.*, n° 6149). Pour le détail de ces droits voir *Cartulaire de Notre-Dame de Paris*, éd. Guérard (Coll. des documents inédits), t. I, p. 312-313, et t. II, p. 446.

6. Jaffé-Wattenbach, *Regesta*, n°s 5844, 5849.

7. Cf. *Cartulaire de Saint-Père de Chartres*, éd. Guérard (Coll. des documents inédits), p. 257.

8. Jaffé-Wattenbach, *Regesta*, n° 6149.

y avait abus, puisque l'évêque touchait une redevance correspondant à une fonction qu'il n'exerçait pas. Il faut distinguer ces droits somptuaires transformés en cens, des droits qui ont toujours consisté en un cens, comme la *circata*, ou comme la redevance touchée *pro visitatione*, de même nature que celle que l'évêque prélevait sur ses diocésains lorsqu'ils venaient au synode. Car la « visite » était une occasion pour l'évêque de recevoir une redevance. C'est cet ensemble des droits, ainsi conçus, auxquels s'appliquent les termes si souvent rencontrés dans les privilèges des *molestiae* et *exactiones* [1].

Parmi les droits entraînant redevances par eux-mêmes, nous avons encore à mentionner le *synodus* [2], qui est d'abord pour l'évêque le droit de convoquer l'abbé et les moines au synode diocésain, droit d'autant plus pénible aux réguliers, que leur présence à un synode souvent lointain était ensuite pour l'évêque une occasion de leur demander une offrande [3]. Outre le synode, les grandes fêtes religieuses étaient souvent pour l'évêque un motif de convoquer les moines et abbés de son diocèse, soit pour donner à ces fêtes un plus grand éclat, soit pour les mettre encore à contribution en leur faisant payer une nouvelle redevance [4].

D'autre part, l'évêque avait le droit de venir dire des messes à l'abbaye et dans les chapelles qui en dépendaient [5]. Ce droit était la manifestation de la puissance de l'ordinaire, la preuve de sa suprématie.

Enfin, certains évêques pouvaient prélever une partie des dîmes et des offrandes de toute sorte, dons et aumônes, que percevait le monastère, toucher des droits sur les cimetières et les sépultures, et empêcher les moines d'enterrer qui ils voulaient où ils voulaient [6].

1. Jaffé-Wattenbach, *Regesta*, nos 6033, 6201.
2. *Ibid.*, nos 5827, 5844, 6128.
3. Cf. Du Cange, *Glossarium*, vo « synodus ».
4. Jaffé-Wattenbach, *Regesta*, nos 5827, 5847, et cf. *Cartulaire de Notre-Dame de Paris*, éd. Guérard, t. I, p. 311.
5. Jaffé-Wattenbach, *Regesta*, nos 5847, 5893, 5924, 6033, 6128.
6. Cf. ci-dessous, p. 112. — Nous pouvons, en somme, classer tous ces droits en trois grandes catégories, qui se confondent en pratique : les droits qui entraînent des redevances, les droits qui sont des redevances et les droits qui se transformèrent en redevances — d'ordinaire parce qu'ils cessèrent d'être exercés.

Ajoutons que l'évêque jouait encore un grand rôle dans la vie des moines par le pouvoir suprême qu'il avait sur tous les séculiers qui vivaient dans leur dépendance. En effet, les moines avaient d'abord, dans l'abbaye même, des clercs et des chapelains [1], qui leur étaient indispensables puisqu'ils ne pouvaient, quand ils n'avaient pas reçu les ordres, remplir les fonctions ecclésiastiques dites curiales (de la *cura animarum*) et qu'au dehors de leur monastère, ils possédaient des chapelles et des autels dont il leur fallait assurer le service. Or, en tant que séculiers, ces prêtres étaient soumis à l'évêque, qui avait des droits sur leur nomination [2]. Il gardait plein droit de juridiction sur eux [3] ; car ils ne pouvaient être englobés dans les exemptions de l'ordinaire, sauf mentions spéciales (rares et douteuses) ; il pouvait les convoquer à ses synodes [4] et les empêcher (de même que les frères des *cellae*) de remplir leur office [5].

Enfin, non contents de n'avoir pas leur budget grevé par ces paroisses de campagne, les évêques se faisaient payer par les monastères, à la mort ou au changement de chaque prêtre, une redevance spéciale appelée « rachat des autels » (*redemptio altarium*). Cette charge que les monastères supportaient impatiemment, Urbain II l'avait abolie comme simoniaque au concile de Clermont, mais en la remplaçant par une autre [6], ce qui donna lieu à des conflits qui nous occuperont bientôt.

II

Les privilèges.

Maintenant que nous connaissons les droits de l'évêque sur le clergé régulier, nous devons examiner les privilèges qui

1. Jaffé-Wattenbach, *Regesta*, nᵒˢ 5844, 5845, 5849.
2. « Presbyteros eligere » : Jaffé-Wattenbach, *Regesta*, nᵒˢ 5844, 5845, 5849, 6201.
3. « Consuetam episcopi justiciam in presbyteros » : *ibid.*, nᵒ 5845.
4. *Ibid.*, nᵒ 6201.
5. *Ibid.*, nᵒˢ 5844, 5845, 5847, 5849.
6. Le cens annuel payé pour les autels : voir *ibid.*, nᵒ 6201. — On peut encore mentionner ici l'obligation imposée par les évêques aux monastères d'interrompre le culte dans leurs prieurés toutes les fois qu'il cessait dans l'église cathédrale.

créaient, au bénéfice de ce dernier, des exceptions à ces droits [1].

D'abord, le pape soustrait les habitants du monastère à la juridiction de l'évêque en défendant à ce dernier d'excommunier ou d'interdire, c'est-à-dire en lui enlevant la sanction de ses jugements [2]. Il le prive même de son pouvoir de commander, d'exercer une domination [3] ; il l'empêche d'user de son droit de correction en venant au monastère faire une « incursio » [4] et lui interdit de se mêler des affaires des moines [5]. Enfin, pour s'attacher ceux-ci plus directement, il leur reconnaît le droit d'appel au Saint-Siège et interdit spécialement à l'évêque de s'opposer à ce recours [6].

Si nous considérons la seconde fonction de l'évêque, la part qu'il prend à la nomination de l'abbé, la question se complique. Théoriquement, les moines élisent un abbé et l'évêque diocésain consacre l'élu. La liberté des élections avait été « la base même de la réforme clunisienne du Xe siècle, celle qui précéda et et prépara toutes les autres » [7]. Avant l'élection, l'évêque donnait la *licentia eligendi*, comme le roi ; mais après l'élection, au lieu que le seigneur laïque remettait l'abbaye au récipiendaire et l'investissait de la fonction abbatiale, l'évêque confirmait l'élu, et par sa consécration l'instituait abbé en lui conférant la *cura animarum* ou charge d'âmes [8]. En échange, il lui demandait la profession d'obédience. Mais les abbés n'eurent d'autre objet pendant toute la période de réforme, au XIe et au XIIe siècle, que d'essayer (avec le secours du Saint-Siège le plus souvent) de se soustraire à cette suprématie de l'évêque diocésain.

1. Sur l'origine de l'exemption, voir Paul Fabre, *Étude sur le Liber censuum de l'Église romaine* (*Bibliothèque des écoles d'Athènes et de Rome*, fasc. 62), Paris, 1892, in-8°, et Daux, *La protection apostolique au moyen âge*, dans la *Revue des questions historiques*, t. LXXII, 1902, p. 5 et suiv.

2. Jaffé-Wattenbach, *Regesta*, n°s 5844, 5845, 5847, 5920, 6033, 6127, 6128.

3. *Ibid.*, n°s 6128, 6137.

4. *Ibid.*, n° 6111.

5. *Ibid.*, n° 5844.

6. *Ibid.*, n° 5847. — Cf. Ive de Chartres, lettres 172 et 220, dans Migne, *Patrol. lat.*, t. CLXII, col. 175 et 225, et Compain, *Étude sur Geoffroi de Vendôme*, p. 103, 245 et 253. — Sur l'appel du légat, voir Jaffé-Wattenbach, *Regesta*, n° 6308.

7. A. Luchaire, *Manuel des institutions françaises. Période des Capétiens directs*, p. 72-75.

8. Voir *ibid.*

Il est vrai que parfois les évêques outrepassaient leurs droits,
Ainsi, celui d'Autun, Norgaud, imposant un nouvel abbé aux
moines de Flavigny, du vivant de l'abbé Hugue, qui était reconnu
par les légats du pape, commettait une injustice [1]. Souvent les
conflits naissaient de ce que les évêques voulaient abuser de leur
autorité [2]. Pour éviter ces abus, on arriva à en donner aux monastères des privilèges qui lésaient forcément les droits épiscopaux.
Nous avons vu que le mouvement de réforme, provoqué en partie par les conflits nombreux survenus entre les grands prélats,
avait eu comme résultat, pour les évêques, de leur faire rechercher la consécration du pape de préférence à celle du métropolitain : il en fut de même pour les abbés. Le pape étant l'évêque
suprême, on voulut aller chercher à Rome la consécration,
d'abord pour échapper à la suprématie épiscopale, pour éviter la profession d'obédience, et enfin, vu l'état du clergé à
cette époque, peut-être aussi pour être sûr que cette confirmation
ne serait pas contestée, pour ne pas s'exposer à une consécration
anticanonique. C'était toutefois gravement léser les droits du
diocésain.

Mais le nombre de monastères qui pouvaient ainsi échapper
complètement à l'autorité diocésaine pour la consécration abbatiale est assez restreint. D'après les privilèges que nous possédons pour la période que nous indiquons ici, nous remarquons
que cette exemption est d'abord accordée aux abbayes qui appartiennent en propriété à Rome. Cluny, qui a été « concédé au
Saint-Siège », a le droit de faire consacrer son abbé par le pape [3].
A Marmoutier, l'abbé est consacré par le pape, ou par l'évêque
qui lui plaira [4]. A Tournus, abbaye concédée elle aussi au Saint-
Siège, l'abbé doit être consacré par le pape ou, pour plus de
commodité, par ses légats [5]. Enfin, à Saint-Germain-des-Prés [6]
et à Vézelai [7], l'abbé doit être consacré par le pape ou par un
évêque quelconque.

Il faut remarquer cependant que certains des monastères qui

1. Cf. ci-dessus, p. 16.
2. L'exemple cité par M. Luchaire, *op. cit.*, p 74, n. 4, est erroné, car il
s'agit de chanoines et non de moines.
3. Jaffé-Wattenbach, *Regesta*, n° 5845.
4. *Ibid.*, n° 5847.
5. *Ibid.*, n° 6033.
6. *Ibid.*, n° 6128.
7. *Ibid.*, n° 5924.

jouissent des exemptions les plus larges sont explicitement soumis à la règle commune pour la consécration de l'abbé. Par exemple, si le pape exempte l'abbé de Vendôme de « profession » et de redevance à payer pour la consécration, il stipule avec précision que c'est par l'évêque de Chartres que l'abbé devra être consacré[1]. De même, à Saint-Martial de Limoges[2] et à Saint-Bénigne de Dijon[3]. Quant aux monastères qui échappent sur ce point à la règle, il faut remarquer que deux d'entre eux appartiennent au Saint-Siège de fondation : Cluny et Vézelai ; que deux sont en dehors du domaine royal : Tournus et Marmoutier ; que seul Saint-Germain-des-Prés est un monastère absolument « français » et situé sur les terres du roi. Pour la foule des autres monastères qui ont bénéficié de privilèges pontificaux, le pape se contente de parler de la liberté d'élection, laissant à l'évêque diocésain le soin de consacrer l'abbé[4]. On ne saurait donc dire que la politique pontificale ait eu, en cette matière, pour résultat d'affaiblir l'autorité de l'épiscopat français sur le clergé régulier.

La contrepartie de la consécration épiscopale est la profession d'obédience que les abbés faisaient aux évêques qui les consacraient et à laquelle ne pouvaient même pas se soustraire ceux d'entre eux qui se faisaient consacrer par le pape. Le monastère de la Trinité de Vendôme échappait seul à cette règle ; et pourtant, par un curieux hasard, l'abbé Geoffroi, qui plus que tout autre lutta, durant sa vie entière, pour étendre les prérogatives de son abbaye contre l'autorité diocésaine, ne fut consacré qu'après avoir dûment fait profession à Ive de Chartres, ce qu'il regretta amèrement toute sa vie[5].

1. Jaffé-Wattenbach, *Regesta*, n° 5821 (Pflugk-Harttung, *Acta*, t. III, n° 26) et n° 5899.

2. *Ibid.*, n° 5920.

3. *Ibid.*, n° 6005 (confirmation d'une bulle de Grégoire VII indiquée *ibid.*, n° 5079).

4. Notons toutefois que les filiales de Cluny étant considérées comme de simples prieurés, leurs abbés sont soustraits, eux aussi, à la consécration épiscopale. Il en résulta d'assez graves conflits, dont le plus retentissant fut, à cette époque, celui qui éclata entre Cluny et l'évêque de Poitiers qui avait consacré Bernard, nommé abbé par les moines clunisiens de Saint-Cyprien de Poitiers en dépit du chef d'ordre (voir la Vie de Bernard, dans les *Hist. de Fr.*, t. XIV, p. 166 et suiv.).

5. Voir Compain, *Étude sur Geoffroi de Vendôme*, p. 154-157. — On ne peut admettre que le récit fait par le chantre Miles Crespin (Migne, *Patrol.*

Mais la profession était une des obligations qui pesait le plus lourdement aux abbés, auxquels elle rappelait leur dépendance vis-à-vis du diocésain ; et, dans la pratique, sous Pascal II, les exemptions de profession se multiplièrent: c'est d'abord l'abbé de Saint-Bertin qui en est exempt [1]; Hugue de Lyon accorde le même privilège à l'abbé de Neufmoutier Robert, en dépit des protestations de l'évêque de Châlons [2]. Les moines de Saint-Germain-des-Prés chassent leur abbé, Guillaume, coupable d'avoir accompli son devoir, en faisant profession à l'évêque de Paris Galon [3]. A Marmoutier, la lutte est perpétuelle : Ive de Chartres discutera encore en 1111 avec l'archevêque de Tours Raoul, pour savoir si la profession faite par l'abbé Guillaume, élu en 1105, est suffisante, quoique seulement verbale, ou s'il faut aussi la faire avec la main [4]. Avant Hilgot, c'est l'abbé Bernard qui a besoin de l'appui du même Ive pour s'imposer à quelques-uns des moines du couvent, qui ne veulent pas le reconnaître, sous prétexte qu'il a reçu la bénédiction d'un évêque excommunié, et surtout qu'il a fait profession d'obéissance avant d'être béni. Cet acte de soumission d'un abbé élu à un évêque avait mortifié l'orgueil des moines. Comme ceux de Saint-Germain-des-Prés, ils voulaient chasser leur abbé. Ive alors chercha à tout concilier en leur disant : si Bernard a fait ainsi profession, cela n'a aucune importance, car l'abbé est fait abbé par l'élection de ses frères et non par la consécration épiscopale, et, d'autre part, si l'on attache de l'importance à la consécration, Bernard a eu parfaitement raison d'agir comme il a fait, car « les chefs des établissements monastiques doivent montrer envers leurs prélats cette obéissance qu'ils veulent obtenir de leurs inférieurs », afin « que les membres du corps du Christ puissent être unis tous ensemble » [5].

D'ailleurs, cette résistance des réguliers à l'obédience due aux

---

lat., t. CL, col. 729), suivant lequel l'abbé du Bec aurait refusé de faire profession devant le légat Jean, corresponde à l'époque que nous étudions. Le légat Jean n'est pas celui qui vint avec Benoît au concile de Poitiers, en 1100, mais Jean de Crémone, et l'affaire se place sous Louis VI.

1. Jaffé-Wattenbach, *Regesta*, n° 6602.
2. *Gallia christiana*, t. IV, instrum., col. 234.
3. Continuation d'Aimoin, dans les *Hist. de Fr.*, t. XII, p. 122.
4. Ive de Chartres, lettres 234 et 235, dans Migne, *Patrol. lat.*, t. CLXII, col. 237.
5. Ive de Chartres, lettre 73, *loc. cit.*, col. 92.

diocésains n'est pas universelle. Les Cisterciens et les Chartreux, qui venaient d'être établis à la fin du XIe siècle, reconnaissaient si complètement la suprématie épiscopale, qu'ils se refusèrent, au début, à accepter aucune exemption de l'ordinaire. La profession de Cîteaux était absolue : « Subjectionem et reverentiam et obedientiam tibi domino episcopo, salvo ordine meo, me exhibiturum promitto ». Les Chartreux avaient pris l'évêque de Grenoble comme supérieur et ne voulaient avoir que des prieurs, afin de bien marquer leur dépendance vis-à-vis de l'épiscopat. Ce mouvement fut accentué par les filiales de Cîteaux. Et saint Bernard sera un des plus ardents à critiquer l'abus des privilèges d'exemption.

La « liberté d'élection » [1] entravait beaucoup moins que l'exemption de profession l'autorité épiscopale. D'après l'étude que nous avons faite plus haut des différents moments de l'élection abbatiale, il semble que cette liberté signifie que l'on procédera au vote sans se soucier de demander une *licentia eligendi*. Les privilèges mentionnent en effet que, « aussitôt l'abbé mort », il faut procéder à l'élection suivant la règle de saint Benoît (c'est-à-dire élection à l'unanimité ou à la majorité), sans que personne ne fasse de pression, ni l'évêque ni le seigneur [2].

Pour ce qui est de l'ordination des moines « qui veulent être promus dans les ordres sacrés », des prêtres, clercs, chapelains attachés au monastère, l'évêque diocésain reste le maître, et les privilèges ne mentionnent ce droit épiscopal que pour le confirmer [3]. Mais parfois on fait une restriction : on exige du diocésain qu'il fasse l'ordination gratuitement [4]. Ce droit si fermement établi, est en même temps une obligation pour l'évêque ; il ne peut s'y soustraire, et on le stipule parfois explicitement [5] ; mais on ajoute que l'évêque doit attendre pour procéder à une ordination de ce genre, que l'abbé le lui ait demandé : « Il est interdit à l'évêque, déclare-t-on, de faire les ordinations sans l'autori-

---

1. « Libertas electionis ». Voir Jaffé-Wattenbach, *Regesta*, n°s 5847, 5893, 5989, 6033, 6114, 6137.

2. Cette liberté n'existait pas pour les filiales de Cluny, comme cela est nettement indiqué dans une bulle accordée à Saint-Martial de Limoges (*Ibid.*, n° 5920).

3. *Ibid.*, n°s 5847, 5920.

4. *Ibid.*, n° 5924.

5. *Ibid.*, n° 6128.

sation de l'abbé » [1]. Quant aux ordres mineurs, c'est ce dernier qui les confère [2].

Cette question de l'ordination entraînait de nombreux conflits, parce que les monastères étant souvent situés fort loin des sièges épiscopaux, les évêques ne voulaient pas se déranger et les moines non plus. D'où la clause insérée parfois dans les privilèges : « Que les ordinations des moines et des clercs se fassent là où l'abbé le veut » [3].

De même, nous l'avons vu, c'est régulièrement au diocésain que revient le soin de consacrer les églises, les autels, les chapelles : aucun privilège n'attente à ce droit ; beaucoup le confirment [4]. La seule restriction qui y soit apportée est l'autorisation pour l'abbé, au cas où le diocésain serait excommunié, de s'adresser à l'évêque de n'importe quel diocèse [5].

Nous rencontrons les mêmes clauses, les mêmes conditions su sujet de l'huile et du chrême, qui doivent être demandés au diocésain, s'il n'est pas excommunié [6], sauf par Cluny et Vézelai [7], toujours considérés comme fiefs du Saint-Siège. Et encore Vézelai doit-il recevoir l'huile et le chrême du diocésain, si celui-ci consent à les donner gratis [8]. L'évêque ne peut même pas les refuser [9].

Ces exemptions d'ailleurs ne soustraient pas les monastères à la dépendance diocésaine [10] : les abbés sont exempts du droit à payer, non de la chose elle-même. En somme, la servitude reste,

---

1. Jaffé-Wattenbach, *Regesta*, nos 5893, 6128, 6137.
2. Cf. Thomassin, *Ancienne et nouvelle discipline de l'Église*, 2e éd., I, l.iii, 16.
3. Jaffé-Wattenbach, *Regesta*, n° 5924, privilège pour Vézelai. M. Compain interprète inexactement ce privilège quand il dit (*Etude sur Geoffroi de Vendôme*, p. 167) qu'à Vézelai l'évêque ne donnait pas les ordres.
4. Jaffé-Wattenbach, *Regesta*, nos 5847, 5920, 5924, 6128.
5. *Ibid.*, n° 5920 et cf. n° 6606. — Sur la cérémonie de la consécration, lire Ive de Chartres, lettre 80, dans Migne, *Patrol. lat.*, t. CLXII, col. 101.
6. Jaffé-Wattenbach, *Regesta*, nos 5847, 5893, 6111.
7. *Ibid.*, nos 5845, 5924.
8. *Ibid.*, n° 5924.
9. *Ibid.*, n° 6128. Si quelque monastère voulait violer sur ce point les devoirs dus à l'ordinaire, le pape ne se faisait pas faute de le rappeler à l'obéissance. Voir la bulle adressée par Pascal à l'abbé de Saint-Denis Adam (Jaffé-Wattenbach, *Regesta*, n° 6063. Cf. ci-dessus p. 54, n. 3).
10. C'est pourtant ce que semble croire M. Compain, *Étude sur Geoffroi de Vendôme*, p. 167.

et avec la servitude, la reconnaissance de la suprématie épiscopale.

Pour ce qui regarde les obligations purement pécuniaires, au
contraire, la question d'argent est seule en jeu : le pape sait que
moins le moine paiera de redevances à l'évêque, plus il pourra
en payer à Rome. Et comme, d'autre part, exempter un monastère
de certaines redevances auxquelles il est soumis envers l'évêque,
chef spirituel du diocèse avant tout, est une moins grande atteinte
aux droits de ce dernier que de l'exempter des autres obligations que nous avons énumérées plus haut, le pape sera beaucoup plus facilement large sur ce point. Les *stationes, convivia,
obsonia, cœna, parata, circata*, et les *sumptus* [1], en général, sont
prohibés, sauf autorisation spéciale de l'abbé. Seule, l'exemption
de la *statio* eût porté une grave atteinte à l'autorité de l'évêque, —
puisque ç'eût été lui interdire de venir au monastère et, par conséquent, d'en surveiller la gestion, — si tous ces droits de visite
et de séjour n'avaient été presque partout, dès cette époque,
nous l'avons vu [2], transformés en simples redevances, dont la
suppression n'avait que des conséquences fiscales [3].

L'exemption du droit de synode est plus importante ; elle
entraînait l'exemption de la présence effective des moines au
synode diocésain. Le pape et les abbés considéraient que le
déplacement des religieux troublait la paix et l'ordre des établissements monastiques. Rien que l'éloignement de l'abbé pouvait être préjudiciable au monastère, qui perdait un chef pour
plusieurs jours [4]. Il en était de même pour les moines et les
prêtres des paroisses incorporées [5].

Cette exemption avait pour conséquence, au point de vue pécu-
niaire, de dispenser les religieux de la redevance [6] qu'on offrait à
l'évêque en arrivant au synode. Les mêmes dispositions étaient
prises pour les fêtes religieuses qui se célébraient dans la ville

1. Jaffé-Wattenbach, *Regesta*, nᵒˢ 5844, 5847, 5893, 5924, 6033, 6128,
6137, 6149.
2. Ci-dessus, p. 102.
3. Cependant, fort de ce droit, l'abbé de Vendôme Geoffroi refusa l'entrée
de son monastère à l'évêque de Chartres Ive qui, surpris par un orage, lui
demandait l'hospitalité. Voir Hildebert de Lavardin, lettres, I, 11, dans
Migne, *Patrol. lat.*, t. CLXXI, col. 168, et cf. Compain, *Étude sur Geoffroi
de Vendôme*, p. 179.
4. Jaffé-Wattenbach, *Regesta*, nᵒˢ 5827, 6128.
5. *Ibid.*, nᵒ 6128.
6. *Ibid.*, nᵒ 5844.

épiscopale [1], pour les enterrements solennels et les autres « stations » [2]. Mais le nombre des monastères qui étaient exempts de ces droits était fort restreint ; et encore cette exemption pouvait-elle être accompagnée de la restriction : « nisi ob causa fidei » [3].

Les abbayes arrivèrent aussi assez souvent à se faire libérer du droit qu'avaient les évêques de venir, pour bien marquer leur suprématie, chanter la grand'messe dans leurs églises [4]. Cette exemption était tellement appréciée et si jalousement gardée, que, lorsque l'évêque de Paris prétendit venir célébrer la messe à Marmoutier, malgré l'exemption dont jouissait cette abbaye, un conflit assez grave éclata : Ive, l'évêque de Chartres, protesta auprès du pape en faveur de l'abbé, qui avait le droit pour lui, montrant ainsi son impartialité [5] : bien qu'il eût lui-même à lutter contre les prétentions des abbés exempts, il n'hésitait pas à défendre les réguliers contre un évêque, puisqu'ils avaient raison.

Ce n'était pas porter atteinte aux droits des évêques que de stipuler d'un monastère qu'il jouirait librement du produit des aumônes, des dîmes [6] et des offrandes [7] qu'il recevrait. Mais, parmi ces offrandes, il en est une sorte dont les privilèges s'occupent souvent, c'est celle qui était attachée au droit de sépulture : l'enterrement entraînait à des frais souvent considérables, et l'évêque pouvait prétendre au droit de faire enterrer les morts dans le cimetière diocésain, afin de percevoir les redevances attachées à la cérémonie ; d'autre part, il pouvait exiger des abbés qu'ils fissent enterrer leurs moines dans ses cimetières, afin d'affirmer par là sa suprématie. Non seulement, des abbayes furent souvent exemptes de ce double droit [8], mais il fut parfois stipulé que l'évêque ne pourrait même pas se mêler aux

1. Jaffé-Wattenbach, *Regesta*, n° 5827.
2. *Ibid.*, n° 5847.
3. *Ibid.*, n° 5827.
4. *Ibid.*, n°⁴ 5847, 5893, 6033, 6128.
5. Ive de Chartres, lettre 108, dans Migne, *Patrol. lat.*, t. CLXII, col. 126.
6. Jaffé-Wattenbach, *Regesta*, n° 5844.
7. « Vivorum sive defunctorum elemosynis ad salutem datis » (Jaffé-Wattenbach, *Regesta*, n° 5844).
8. Jaffé-Wattenbach, *Regesta*, n°⁴ 5844, 5845, 5893, 5924, 5989, 6151. Cf. une charte pour Saint-Martin de Tournai, dans les *Mon. Germ. Script.*, t. XIV, p. 316 ; une autre pour Notre-Dame de Toulouse dans la *Gallia christiana*, t. XIII, *instr.*, col. 13 ; une autre pour Beaulieu, dans la *Gallia christiana* des frères de Sainte-Marthe, t. IV, p. 152.

enterrements qui se feraient dans l'abbaye : ainsi, Marmoutier avait la liberté d'enterrer « clausis ecclesiae januis, non admissis diocoesanis » [1]. D'où, de violents conflits, qui, au début du xiie siècle, mirent fréquemment aux prises évêques et abbés [2].

Nous arrivons aux pouvoirs spéciaux des évêques sur les clercs attachés au service des moines et sur les desservants de leurs églises. En dehors du droit formel qu'ils avaient d'ordonner les prêtres [3], c'était eux, régulièrement, qui devaient les nommer à ces églises. Mais on exemptait l'abbé de cette obligation d'avoir des clercs nommés par l'évêque, d'abord en stipulant qu'il pouvait nommer aux chapelles les prêtres qu'il voulait [4], ensuite en lui donnant le droit de les révoquer quand bon lui semblait et en déclarant « qu'aucun clerc ne pouvait y demeurer sans son autorisation » [5]. Cependant, c'était toujours l'évêque ou son vicaire qui remettait au prêtre la « cura animarum » [6] ; mais les frères des « cellae », des chapelles, devaient être libres de célébrer le culte [7] et ne pouvaient être convoqués aux synodes diocésains [8]. L'évêque protestait souvent contre l'abus que les monastères faisaient de l'indépendance de ces clercs : celui de Limoges avait interdit aux « clercs réguliers » de gouverner les paroisses de son diocèse [9]. Norgaud, évêque d'Autun, que Pascal avait indulgemment réintégré dans son évêché et réconcilié avec Cluny, persécutait les frères clunisiens des églises : Pascal dut intervenir et le menacer de lui interdire l'office épiscopal s'il ne les laissait en paix [10]. Toutefois l'évêque gardait, même vis-à-vis des prêtres de Cluny, ses droits de juridiction sur les clercs des paroisses dites « incorporées » [11], c'est-à-dire appartenant à la communauté monastique.

1. Jaffé-Wattenbach, *Regesta*, n° 5847.
2. Pour l'abbaye de Saint-Pierre de Chalon, voir *Gallia christiana*, t. IV, *instr.*, col. 234 ; pour celle de Saint-Pierre-le-Vif, voir Baluze, *Miscellanea*, t. VI, p. 429.
3. Cf. ci-dessus, p. 101.
4. Jaffé-Wattenbach, *Regesta*, n°s 5844, 5845.
5. *Ibid.*, n° 6201.
6. *Ibid.*, n° 5844.
7. *Ibid.*, n° 5847.
8. *Ibid.*, n° 6128.
9. Ive de Chartres. lettre 69, dans Migne, *Patrol. lat.*, t. CLXII, col. 88.
10. Jaffé-Wattenbach, *Regesta*, n° 5308 (1099-1102, et non 1100-1112).
11. *Ibid.*, n°s 5845.

B. Monon. — *Pascal II et Philippe Ier.* 8

Mais cette question des paroisses incorporées allait créer à l'épiscopat des ennuis bien plus graves. Ces paroisses avaient pour véritables curés les communautés monastiques [1], sous la surveillance des évêques. Les moines présentaient au diocésain le vicaire qui devait desservir la paroisse et originairement, nous l'avons vu [2], lui payaient un droit de mutation dit « droit de rachat des autels » (*redemptio altarium*). Ce droit avait été aboli au concile de Clermont, mais Urbain II avait en même temps expressément réservé « le cens annuel que les évêques avaient coutume de percevoir sur chaque autel » [3]. Cette nouvelle disposition avait soulevé des tempêtes. On avait déclaré le « droit de rachat » simoniaque ; mais quand les évêques avaient prétendu toucher le nouveau « cens annuel », on n'avait pas été loin de les traiter de voleurs. Urbain II lui-même avait dû donner des explications à ce sujet à l'évêque de Laon Enguerrand [4]. Pascal II devait bientôt discuter la même question avec Ive de Chartres [5]. Tous deux, sur ce point, favorables au clergé régulier, cherchaient à rendre les « autels » en question aussi libres que possible, c'est-à-dire à ne les faire dépendre que du monastère qui en avait la charge. Le clergé régulier y travaillait aussi : Geoffroi de Vendôme [6] luttait avec Ulger, évêque d'Angers, pour la liberté de ses autels.

Ce fut là bientôt une des revendications les plus fréquentes du clergé régulier. Tandis que Pascal, dans un privilège qu'il accordait au monastère de Saint-Bertin, mentionnait ce « cens annuel » [7], il prétendait ailleurs [8] que les autels, comme les dîmes, devaient rester libres ; il le stipulait formellement pour les autels du monastère de Saint-Père de Chartres [9] ; et les évêques, d'ailleurs, reconnaissant bientôt le rôle important joué par le clergé régulier dans les campagnes où

---

1. Cf. A. Luchaire, *Manuel des institutions françaises. Période des Capétiens directs*, p. 8.
2. Ci-dessus, p. 104.
3. Labbe, *Concilia*, t. X, col. 589, et concile de Nîmes, *ibid.*, col. 605.
4. Jaffé-Wattenbach, *Regesta*, n° 5778.
5. Lettre à Ive de Chartres, *ibid.*, n° 5820.
6. Cf. Compain, *Étude sur Geoffroi de Vendôme*, p. 185-187.
7. Jaffé-Wattenbach, *Regesta*, n° 6201.
8. *Ibid.*, n° 6607.
9. *Ibid.*, n° 6067.

ces autels étaient situés, ne tardèrent pas à faire des accords
avec les abbés de leurs diocèses pour régler la question.
Ainsi fit Lambert d'Arras avec l'abbaye de Saint-Vaast [1]. Sponta-
nément, Baudri, évêque de Noyon, déclara affranchis du droit
de « personat » [2] différents autels de Mont-Saint-Quentin, à condition que les prêtres qui seraient chargés par l'abbé de la *cura
animarum* fussent ordonnés par lui [3]. Enfin, les innombrables
donations d'autels faites par des évêques aux monastères de
leurs diocèses prouvent assez que l'épiscopat, tout en voulant se
réserver certains droits, reconnaissait fort bien les services rendus. Ces donations se firent sous certaines conditions, afin de
sauvegarder les pouvoirs éminents de l'ordinaire. Ainsi, Baudri
de Noyon, en donnant à l'abbé de Nogent-sous-Coucy l'autel de
Condren, se réserva le droit de conférer la *cura animarum* au
prêtre qui y serait attaché et stipula, en outre, que celui-ci
acquitterait les droits synodaux [4]. De même, il accorda à l'abbaye de Jouarre, pour divers autels, l'exemption du personat
auquel ils avaient été soumis jusque-là, mais à la condition que
les droits synodaux lui seraient payés et que les prêtres nommés
à ces autels par l'abbesse seraient mis par lui ou par son archidiacre en possession de leur charge [5].

Ces accords, comme on le voit, se faisaient souvent à l'amiable,
sans que le pape eût à intervenir. Il intervient plutôt pour
régler des conflits, comme ceux qui surgirent entre Lambert,
évêque d'Arras, et l'abbé de Saint-Vaast [6], ou pour confirmer les
donations d'autels faites si fréquemment aux abbayes par les
évêques. Citons parmi toutes celles qu'on rencontre à

1. *Cartulaire de Saint-Vaast d'Arras*, éd. Van Drival, p. 70 et 73.
2. Le droit (*jus*) de personat est le pouvoir de nommer une personne à
une cure ou à une fonction ecclésiastique ; en tant que redevance, c'est la
somme payée à l'évêque ordinateur pour l'indemniser de ses droits propres
(*redemptio*). Cf. Du Cange, *Glossarium*, v° *personatus*.
3. Charte de l'année 1105 copiée dans la collection Moreau, vol. 42,
fol. 52, à la Bibliothèque nationale, d'après le cartulaire du chapitre de
Noyon.
4. Charte copiée *ibid.*, vol. 41, fol. 80, et publiée par d'Achery, en
appendice à son édition de Guibert de Nogent.
5. Charte de l'an 1103 copiée *ibid.*, vol. 41, fol. 130 et publiée dans J. Le
Vasseur, *Annales de l'église cathédrale de Noyon* (Paris, 1633-1634, in-4),
p. 796.
6. Jaffé-Wattenbach, *Regesta*, n° 5896.

cette époque, la donation faite au Bec par les évêques de
Rouen, Chartres et Paris, confirmée par le pape [1], et les
donations de *Gervinus*, évêque d'Amiens, à Marmoutier [2], de
Norgaud, évêque d'Autun, à Cluny [3], de Hubert, évêque de Sen-
lis, à la même abbaye [4], de Hugue, évêque de Soissons, à
Nogent [5] et à Saint-Médard de Soissons [6], de Hugue, archevêque
de Lyon, à Savigny [7], de Manassès, archevêque de Reims, à
Cluny [8], d'Enguerrand, évêque de Laon, à Saint-Remi [9] et à
Saint-Thierri de Reims [10], de Baudri, évêque de Noyon, au
Mont-Saint-Quentin [11] et à Saint-Martin de Tournai [12], de Galon,
évêque de Paris, à Saint-Martin-des-Champs [13], de Manassès,
évêque de Soissons, à Nogent [14].

Pour en revenir aux privilèges pontificaux et aux droits
des évêques sur les monastères dont le pape exemptait les
abbés, mentionnons encore les interdictions générales de lever
les divers droits, *usus, actiones, consuetudines, servitia* [15],
la liberté des dîmes [16], souvent mentionnée avec la liberté des
autels.

Ces exemptions, nous l'avons dit dès le début, ne sont jamais
absolues. Souvent en mentionnant tel privilège, le pape insiste
sur le respect dû à l'évêque, sur la soumission à l'ordinaire, en

1. Jaffé-Wattenbach, *Regesta*, n° 5907. — Cf. *Ibid.*, n° 5913.
2. *Gallia christiania*, t. X, *instrum.*, col. 295 (1100).
3. *Chartes de Cluny*, publ. par Aug. Bernard et Alex. Bruel (Coll. des
documents inédits), t. V, n° 3826 (1105).
4. *Ibid.*, n° 3805 (1100).
5. *Venerabilis Guiberti abbatis S. Mariae de Novigento opera omnia*,
éd. d'Achery (Paris, 1651, in-fol.), p. 626.
6. Cartul. de Saint-Médard de Soissons, Bibliothèque nationale, ms. lat.
9986, fol. 21 (ann. 1101).
7. *Cartulaire de Savigny*, éd. Aug. Bernard (Coll. des documents inédits),
p. 813-815 et 819 (ann. 1100-1101).
8. Marlot, *Metropolis historia Remensis* (Reims, 1679, 2 vol. in-f°), t. II,
p. 233 (anno 1103).
9. *Ibid.*, p. 232 (anno 1103).
10. Copie à la Bibliothèque nationale, Collection Moreau, vol. 41, fol. 185
(anno 1104).
11. Copie d'après l'orig., *ibid.*, fol. 76 (ann. 1102).
12. *Gallia christiana*, t. III, instr., col. 44 (ann. 1100).
13. Cf. Jaffé-Wattenbach, *Regesta*, n° 6131.
14. *Guiberti opera*, éd. d'Achery, p. 625 (ann. 1107).
15. Jaffé-Wattenbach, *Regesta*, n°s 6004, 6033, 6115, 6127, 6201.
16. *Ibid.*, n° 6607.

insérant cette cause spéciale dans la bulle : « Salvo episcopi jure », ou « salva canonica episcopi reverentia » [1].

De même, lorsque le pape exempte une abbaye qui dépend d'une autre abbaye, afin de bien marquer l'obédience de la première, il ajoute cette mention : « Salva reverentia abbatis » [2]. D'autre part, le privilège accordé à la maison mère peut avoir des avantages pour toutes les abbayes qui en dépendent. C'est ainsi que le pape exempte Souvigny, comme « membre de Cluny » [3].

Nous avons enfin un petit nombre de privilèges dans lesquels est mentionné le cens dû par les abbayes exemptes au Saint-Siège en échange de la protection apostolique et de la « liberté » (*libertas romana*) qui leur sont accordées. Dans les privilèges délivrés par Pascal II, nous trouvons notées les sommes payées par un certain nombre d'entre elles : par celle de la Trinité de Vendôme, douze sous [4], par Marmoutier, un denier d'or [5], par Vézelai, une livre d'argent [6], par la Chaise-Dieu, un bésant [7], par Saint-Chaffre, cinq sous d'or [8], par Bonneval, deux sous d'or [9], par Corbie, une once d'or [10], par Saint-Sever, cinq sous [11], par Montmajour [12] et par Saint-Bertin, quatre sous [13].

Ce cens que le Saint-Siège percevait sur les monastères exempts avait d'ailleurs la plus grande importance. En effet, la politique nouvelle inaugurée par Grégoire VII avait engagé la papauté dans une voie qui, si elle pouvait être glorieuse, n'en était pas moins pleine de dangers. Pour maintenir cette puissance, pour la consolider en face des puissances temporelles rivales, il fallait au pape un budget. Le denier de saint Pierre pouvait n'être pas suffisant ; de plus, le revenu n'en était pas fixe. Le

1. Jaffé-Wattenbach, *Regesta*, nᵒˢ 5842, 5844, 5845, 5918, 5920, 5989, 6004, 6034, 6114, 6124.
2. *Ibid.*, nᵒˢ 5920, 6127.
3. *Ibid.*, nᵒ 5844.
4. *Ibid.*, nᵒ 5821.
5. *Ibid.*, nᵒ 5847.
6. *Ibid.*, nᵒ 5924.
7. *Ibid.*, nᵒ 6114.
8. *Ibid.*, nᵒ 6160.
9. *Ibid.*, nᵒ 6139.
10. *Ibid.*, nᵒ 6111.
11. *Ibid.*, nᵒ 5951.
12. *Ibid.*, nᵒ 5893.
13. *Ibid.*, nᵒ 6201.

pape trouvait dans ce cens annuel imposé aux abbayes exemptes un revenu régulier sur lequel il pouvait compter, et ce devait être une de ses forces, en face des autres souverains, que de disposer d'un « budget » fixe et constant, à une époque où les monarchies rivales n'avaient pas encore d'impôts réguliers.

III

Philippe Ier et l'exemption

Les raisons budgétaires n'auraient cependant pas suffi à rallier les papes à la cause de l'exemption ; ils y furent poussés par des motifs politiques d'une importance considérable.

En France, en effet, la plupart des évêques étaient dévoués au roi, ce qui ne les empêchait pas d'être souvent de bons évêques, mais ce qui les amenait à rechercher la réalisation d'une réforme ou d'une amélioration dans l'organisation de l'Église indépendamment de Rome. Beaucoup d'entre eux sentaient alors, aussi bien que Guibert de Nogent [1], la grandeur de cette nation qui se constituait autour du souverain capétien. Philippe Ier avait fortement contribué à développer cet esprit national chez ses évêques, non moins que l'opposition systématique de Hugue de Die, légat de Grégoire VII ou d'Urbain II. Quand on parcourt l'histoire de l'épiscopat français de 1060 à 1099, on est frappé de voir ces deux influences se contrecarrer perpétuellement. Même les évêques les plus réformateurs, comme Ive de Chartres, sont profondément attachés au souverain. Et c'est pourquoi la papauté chercha un appui dans le clergé régulier et, afin de se l'attacher plus étroitement et de lui assurer une plus grande liberté d'action, multiplia en sa faveur les privilèges d'exemption.

Philippe Ier, lui, n'avait aucune raison de favoriser ce mouvement. Sa cause se confondant avec celle du clergé séculier et « gallican », le développement de l'exemption ne pouvait, en thèse générale, qu'être nuisible à son autorité [2].

---

1. Cf. Bernard Monod, *Le moine Guibert et son temps,* livre II, chap. IV.
2. On ne peut donc admettre que sous réserves ce que dit M. Luchaire (*Hist. des institutions monarchiques*, 2e éd., t. II, p. 86-87) de la protection accordée par les rois capétiens aux établissements monastiques. Ses affirmations ne valent que pour les débuts de la monarchie.

Tout semble bien prouver qu'il s'en rendit parfaitement compte. Si l'on cherche quels furent les établissements monastiques qu'il protégea ou que protégea son fils Louis, de son vivant, on verra que ce furent tantôt des abbayes royales et par conséquent soumises, comme Fleury-sur-Loire ou Saint-Denis, tantôt des abbayes dépendant de l'évêque de Paris, sur lequel le roi était tout-puissant, comme Saint-Martin-des-Champs, tantôt enfin des abbayes placées en terres vassales, ne relevant pas du roi et que le roi pouvait favoriser sans craindre de compromettre son autorité. En somme, confirmations, donations, demandes de privilèges, le tout se réduit à fort peu de chose. Et quant aux quelques bontés que Philippe eut pour des abbayes non royales situées dans le domaine de la couronne, elles peuvent s'expliquer, tantôt sans doute, simplement par son désir de toucher des frais de chancellerie, tantôt par l'espoir qu'il pouvait former de se concilier ainsi la faveur du Dieu dont il combattait le représentant en la personne du sacré pontife.

Et surtout, si l'on compare ces quelques actes isolés, par lesquels il semble avoir favorisé le clergé régulier, aux efforts méthodiques, obstinés et constants qui caractérisent le rôle joué par lui dans les affaires du clergé séculier et dans les élections épiscopales, on pourra facilement se rendre compte de la politique qu'il a suivie, du but qu'il s'est proposé et de l'idée directrice qui semble avoir présidé à sa conduite.

IV

Caractères de l'action pontificale.

D'autre part, peut-on dire que Pascal II ait particulièrement favorisé le clergé régulier et propagé l'exemption ? Il a fait ce qu'avaient fait ses prédécesseurs ; l'habitude était prise, le trésor du Saint-Siège s'enrichissait chaque fois qu'une nouvelle abbaye recevait cette « libertas romana » qu'elle reconnaissait par un cens annuel. Seulement, on peut remarquer le petit nombre de monastères qui, sous son pontificat, reçoivent pour la première fois un privilège ou qui le reçoivent sans qu'il ait été demandé par l'évêque ou enfin que ce privilège exempte tout à fait de l'autorité diocésaine. Nombreuses sont ces bulles qui ne font que confirmer l'exemption accordée par Grégoire VII ou par Urbain II ; nombreuses aussi celles qui furent délivrées parce que le diocésain s'intéressait au développement de l'abbaye et qu'il avait intercédé lui-même à Rome en faveur des moines. Et surtout, combien rares sont les privilèges mentionnant une exemption complète de l'ordinaire ! Presque tous réservent à l'évêque un droit de contrôle sur les paroisses incorporées, le droit d'ordination et de consécration ; un grand nombre stipulent le respect de l'autorité épiscopale par la formule « salva episcopi reverentia » ; enfin, toutes les restrictions que nous avons passées en revue au cours de cette étude nous ont suffisamment montré qu'en dehors de deux ou trois établissements, comme Cluny, Vézelai, la Trinité de Vendôme (et encore avons-nous fait des réserves importantes au sujet de la profession, des ordinations et de la consécration), qui sont considérés comme fiefs du Saint-Siège, comme petits territoires romains situés en terre franque, l'exemption de l'ordinaire était, en somme, un ensemble assez variable de garanties, plutôt que des privilèges, et que les droits de l'évêque étaient, en général, plus respectés qu'on ne croit.

TROISIÈME PARTIE
LES CHANOINES RÉGULIERS

CHAPITRE PREMIER

L'INSTITUTION DES CHANOINES RÉGULIERS

I

La régularisation des chanoines.

Nous n'avons pas à rechercher ici l'origine des chanoines réguliers. On a beaucoup et inutilement disserté pour savoir quelle part revenait à saint Augustin dans cette institution, ou plutôt dans la règle de la vie en commun imposée aux clercs séculiers, comme aux moines. Les chanoines du Latran, avec leurs succursales de Santa Maria *in Portu* près de Ravenne, de Volano, de Lucques peuvent être considérés comme les ancêtres des chanoines réguliers qui nous occupent ici. Mais le premier effort de régularisation, de réforme de la vie des clercs séculiers dans laquelle nous retrouvions les mêmes caractères que dans la réforme du XIe siècle, est celle de Chrodegand, au VIIIe siècle. Elle avait pour caractéristique la vie en commun des clercs et l'abandon de la propriété personnelle. Seulement, les chanoines se relâchèrent bientôt, et le besoin se fit sentir, au XIe siècle [1], de reprendre la réforme de Chrodegand pour l'étendre, la développer et organiser à nouveau toute cette partie du clergé.

Cette réforme avait d'abord pour objet l'amélioration des mœurs du clergé, la suppression du concubinage et de la simonie. La vie en commun sous la direction d'un chef analogue à l'abbé

---

1. Les conciles de Rome, de 1059 et 1063, exhortèrent les clercs à vivre en commun et à se régulariser. C'est depuis cette époque que le mouvement prit toute son extension.

des monastères permettait aux chanoines, qui se trouvaient par leurs fonctions mêmes mêlés au siècle de plus près que les moines, d'observer une vie plus rigoureuse ; d'autre part, l'abandon de toute propriété individuelle devait leur éviter de tomber dans la cupidité et dans la simonie.

Ce caractère doublement moral de la régularisation des chanoines fut une des causes qui poussa la papauté à les protéger pour accomplir son œuvre de réforme. Mais ici il faut distinguer deux catégories de chanoines : d'une part, les chanoines des chapitres cathédraux ; d'autre part, les chanoines des collégiales et des abbayes de chanoines réguliers qu'on institua au XIᵉ siècle.

Chrodegand s'était spécialement attaché aux premiers. Son œuvre fut reprise par de nombreux évêques au XIᵉ siècle. Dans le midi surtout la régularisation s'était répandue sous le pontificat d'Urbain II : à Rodez [1], à Cahors [2], à Avignon [3], les chanoines se régularisèrent. Menant une vie commune, consacrée à l'exercice du culte, renonçant à toute propriété personnelle, ils encouraient certaines pénalités s'ils quittaient l'association. Ils n'avaient, naturellement, pas d'abbé à leur tête : leur chef était l'évêque, et ils continuaient à former le chapitre cathédral [4]. A la même époque (vers le troisième quart du XIᵉ siècle), ce mouvement de régularisation des clercs séculiers s'étendit aux collégiales, c'est-à-dire aux chanoines desservant des églises non cathédrales. Enfin, ce mouvement ne tarda pas à se confondre à son tour avec l'institution nouvelle, qui se développpa alors : les abbayes de chanoines réguliers [5].

Parmi ces abbayes issues d'églises dont on régularisait les chanoines ou dans lesquelles on établissait un collège de chanoines, nous pouvons citer celles de Carcassonne, Saint-Denis de

1. Jaffé-Wattenbach, *Regesta*, nᵒ 5430.
2. *Ibid.*, nᵒ 5573.
3. *Ibid.*, nᵒ 5578.
4. Voir les textes indiqués aux trois notes précédentes.
5. Il est fort délicat de distinguer les collégiales régularisées des abbayes : le fait que l'abbaye était présidée par un abbé ne peut nous suffire, car souvent les collégiales, en se régularisant, devenaient abbayes et prenaient un abbé. Seulement, il est certaines abbayes de chanoines qui furent créées de toutes pièces, pour ainsi dire, là où il n'y avait pas de chanoines séculiers auparavant, et qui peuvent par là se distinguer de celles qui furent constituées par la régularisation, sous la présidence d'un abbé, d'un collège de chanoines déjà existant. Mais à l'époque qui nous occupe, on ne faisait pas de distinction sur ce point.

Reims, Saint-Quentin de Beauvais, Ham, Mont-Saint-Éloi, Saint-Ambert, Saint-Jean-des-Vignes ; parmi les abbayes de création nouvelle, Saint-Ruf, Saint-Laurent d'Oulx, Arrouaise, Eaucourt, Saint-Jean-en-Vallée. Il y faut ajouter les abbayes bénédictines dans lesquelles les moines furent remplacés par des chanoines : Saint-Martin de Tours, Saint-Corneille de Compiègne, qui tour à tour avaient été composées de moines et de chanoines, et qui, au XIᵉ siècle, étaient des abbayes de chanoines.

Le rôle de ces chanoines réguliers sera des plus importants. Ce sont eux qui vont être chargés de desservir les nombreuses paroisses, cures de campagnes, églises de villages qui jusque-là n'avaient pu être desservies que par des moines-prêtres ou des vicaires attachés aux monastères. Nous avons vu[1] la situation embarrassée, les conflits fréquents que provoquait cet état des prêtres des paroisses incorporées dépendant à la fois du monastère et de l'évêque. Grâce aux chanoines réguliers, ces difficultés n'existeront plus, le chanoine pouvant, en sa qualité de prêtre, à l'inverse du moine, exercer, sans autorisation particulière, toutes les fonctions curiales.

La vie austère de ces chanoines régularisés les recommandait à la piété des fidèles qui avaient besoin de s'adresser à eux ; leur règle, leur renoncement à toute propriété pouvait encourager ceux qui voulaient embrasser la vie religieuse à rechercher chez eux un état ecclésiastique intermédiaire entre la vie du clerc séculier, trop mondain, et la vie trop retirée du monde du moine bénédictin. D'autre part, ils restaient toujours soumis à l'évêque dont relevait leur abbé ; l'évêque était constamment mêlé à leur existence, à leur développement ; comprenant l'aide qu'ils lui procureraient pour desservir les paroisses de campagne, les évêques essayaient de multiplier ces collèges, de les répandre d'un diocèse dans un autre, de pousser telle grande abbaye à créer des « filles » autour d'elles[2].

On comprend le danger que présentait pour le monachisme cette institution rivale. En même temps que les Chartreux, que Molesme et Cîteaux, voici que les chanoines, groupés en congré-

1. Ci-dessus, p. 114.
2. C'est ainsi qu'Ive de Chartres transforma en une abbaye de chanoines réguliers l'église de Saint-Jean-en-Vallée, près de Chartres, en y faisant venir des chanoines de Saint-Quentin de Beauvais. Cf. ci-dessous, p. 125.

gations régularisées, deviennent des auxiliaires de la réforme et menacent à leur tour le monachisme clunisien. En effet, leur recrutement pouvait faire diminuer celui des abbayes de moines ; l'administration des paroisses, dont on allait déposséder les moines pour les confier à des chanoines, serait une perte pour les monastères, et enfin la vie plus austère, plus sévère des chanoines, allait dans bien des cas provoquer une substitution. Quand on voudra restaurer un établissement de moines indignes, au lieu de le confier à Cluny, qui donnait déjà des marques de décadence et de relâchement, on y placera des chanoines [1].

II

Les chanoines réguliers avant Pascal II.

Si nous examinons la formation de ces différents établissements compris sous le nom général d'abbayes de chanoines réguliers, nous trouvons sous Pascal II les mêmes clauses, les mêmes conditions que sous Urbain II et Grégoire VII.

Sous Urbain II, l'abbaye de Saint-Ruf, fondé en 1039, fut confirmée en 1092 par une bulle pontificale. C'étaient deux chanoines de Saint-Ruf qui avaient appris à saint Bruno en quoi consistait la vie canonique régulière. Saint-Ruf fut un des premiers ordres qui se répandit en France et hors de France par la création de nombreuses filiales [2]. Arrouaise, confirmée par Lambert, évêque d'Arras, en 1097 [3], avait eu pour patrons, en 1090, Adémar de Tournai et l'Allemand Conon, plus tard cardinal de Préneste. Fondé dans une forêt qui était une véritable « caverne de voleurs », le petit oratoire de la Sainte-Trinité et de Saint-Nicolas devint une des grandes abbayes de chanoines et fut l'origine de vingt-huit abbayes identiques qui s'élevèrent en France et en Soissonnais [4].

En 1078, Ive de Chartres, placé à la tête des chanoines de l'église Saint-Quentin de Beauvais [5], accomplit la véritable

1. Ce sera le cas à Poissy. Voir Luchaire, *Louis VI le Gros*, Annales, n° 10.
2. Voir *Gallia christiana*, t. XVI, instr., col. 355.
3. *Ibid.*, t. VI, instr., col. 90.
4. *Ibid.*, t. III, instr., col. 435.
5. *Ibid.*, t. IX, instr., col. 818. Les chanoines de Saint-Quentin ne tardèrent pas à se répandre et à se créer des succursales.

réforme des chanoines réguliers et établit la règle qui désormais devait être adoptée dans toute la France.

De même, l'église Saint-Denis de Reims, ayant été réparée par l'archevêque Gervais, fut, en 1067, constituée en abbaye de chanoines réguliers [1]. En 1066, Liébert, évêque de Cambrai, remplace les chanoines séculiers de l'église de Mont-Saint-Éloi par des chanoines réguliers et met à leur tête l'abbé Jean [2]. En 1099, Lambert, évêque d'Arras, demande au pape Pascal de confirmer cette abbaye et donne aux chanoines le droit d'élection de l'abbé [3]. A l'église Saint-Jean-des-Vignes de Soissons, l'évêque Hugue opère la même réforme [4].

La règle de Saint-Quentin de Beauvais, établie par Ive de Chartres, jouit d'une si grande réputation, qu'on s'empressa de l'imiter et que Philippe, évêque de Troyes, voulant instituer des chanoines réguliers dans cette ville appela Ive et le chargea d'opérer lui-même cette réforme dans l'église Saint-Georges [5].

III

Les chanoines réguliers sous Pascal II

Sous Pascal II, les abbayes de chanoines continuent à se mulplier : celle de Saint-Jean-en Vallée est établie à Chartres par l'ancien abbé de Saint-Quentin de Beauvais, devenu évêque de Chartres, avec le concours de quelques-uns de ses anciens moines [6]. Sanche institue des chanoines réguliers à Lescure [7], Jean de Thérouanne à Saint-Martin d'Ypres [8], Baudri de Noyon à Notre-

---

1. *Gallia christiana*, t. IX, instr., col. 288.
2. Hélyot, *Histoire des ordres monastiques, religieux et militaires*, t. V, p. 336.
3. Baluze, *Miscellanea*, t. V, p. 336.
4. Cf. Louen, *Histoire de l'abbaye de Saint-Jean-des-Vignes*, Paris, 1710, in-12.
5. D'Achery, *Spicileg.*, t. II, p. 302. Les chanoines réguliers de Saint-Georges offraient cette particularité qu'ils relevaient du chapitre cathédral de Troyes pour le temporel et de Saint-Quentin de Beauvais pour le spirituel.
6. *Gallia christiana*, t. VIII, instr., col. 305.
7. *Ibid.*, t. I, instr., col. 1290.
8. Miraeus, *Opera diplomatica*, publ. par Foppens, t. II, p. 1149.

Dame de Ham [1], Benoît de Nantes à Saint-Médard de Nantes [2]. A Limoges [3], Châlons [4], Cahors [5], Saint-Sernin de Toulouse [6], la régularisation des chanoines est confirmée par lettre pontificale. Ainsi, le mouvement s'étend dans tous les sens, au nord, au sud, à l'est et à l'ouest.

Souvent, à l'origine, c'était un petit ermitage où quelques prêtres pieux se retiraient pour y mener une vie plus évangélique ; c'est ainsi qu'Eude fonda Eaucourt, que Lambert d'Arras autorisa et confirma en 1101 au synode d'Arras [7]. Sans devenir moine, le chanoine d'Eaucourt pourra mener la même vie que le moine, mais il restera plus étroitement lié à son évêque [8], qui l'emploiera pour desservir les paroisses de campagne.

Ailleurs, l'abbaye de chanoines se greffe sur un établissement déjà existant, comme à l'église Toussaint d'Angers, qui, desservie jadis par les chanoines de la cathédrale d'Angers, puis par les moines de la Trinité de Vendôme, est transformée par l'évêque Renaud en une abbaye de chanoines réguliers [9], ou comme à Saint-Jean en Vallée, dans laquelle, comme nous l'avons vu, Ive de Chartres appelle, en 1099, des chanoines de l'abbaye qu'il avait organisée à Saint-Quentin de Beauvais.

IV

Union des chanoines réguliers et de l'épiscopat.

Ces chanoines réguliers, qu'on prit dès lors assez souvent l'habitude de désigner sous le nom d' « Augustins », étaient d'ordinaire, à raison de leur origine, beaucoup plus étroitement soumis aux évêques que les moines auxquels ils tendaient à se substituer. Aussi, les privilèges qu'ils obtinrent de Rome, s'ils ressemblent comme formules aux bulles d'exemption, n'ont jamais, comme

1. *Gallia christiana*, t. X, iustr., col. 1372.
2. Martène, *Thesaurus anecdotorum*, t. I, col. 315.
3. Jaffé-Wattenbach, *Regesta*, n° 6031.
4. *Ibid.*, n° 6025.
5. *Ibid.*, n° 6148.
6. *Ibid.*, n° 5850.
7. *Gallia christiana*, t. III, instr., col. 90.
8. « Ut tantummodo episcopo respondeatis », est-il dit dans l'acte cité à la note précédente.
9. *Cartulaire de la Trinité de Vendôme*, éd. Métais, t. II, n° 419.

celles-ci, le caractère d'une concession pontificale faite au détriment du pouvoir diocésain. Les papes se contentent de confirmer les concessions faites par les évêques ; leurs bulles ne font guère qu'approuver la régularisation, opérée par ces derniers [1].

Le droit de nommer un abbé, privilège qui constituait essentiellement l'autonomie de la congrégation, était d'ailleurs toujours subordonné au pouvoir de l'évêque qui consacrait l'abbé. Mais la liberté d'élection devait être respectée [2]. La clause « salva episcopi reverentia » ou « oboedientia » est mentionnée à côté de la déclaration des « libertés de l'abbaye canoniale », celles-ci n'entravant point celle-là. Loin de s'entraver, liberté et protection sont même unies dans la pensée du pape qui donne le privilège, car c'était d'ordinaire l'évêque qui avait fondé l'abbaye [3] ; c'était avec son autorisation ou avec celle du chapitre que les chanoines avaient embrassé la vie régulière [4].

Comme les abbayes de moines, celles de chanoines sont tenues de se fournir de chrême et d'huile auprès du diocésain ; de lui demander l'ordination des clercs, la consécration des autels ; mais l'évêque est parfois tenu d'exercer gratuitement ces fonctions. Et si le pape déclare l'abbaye libre de toute autre « domination » que la sienne propre, il ajoute la clause restrictive : « sauf le droit de l'évêque » [5].

L'abbé, maître de l'ordre, reçoit les chanoines qui veulent se joindre aux réguliers, à moins d'une disposition contraire de la part de l'évêque [6]. Lui seul peut autoriser un frère à quitter l'abbaye [7].

En compensation de ces privilèges, les chanoines payent d'ordinaire comme les moines (mais le fait est plus rarement mentionné) un cens au Saint-Siège [8]. Parfois même leur liberté à

---

1. Voir notamment des bulles pour les abbayes de Saint-Quentin (Jaffé-Wattenbach, *Regesta*, n° 6062), de Saint-Jean-en-Vallée (*ibid.*, n° 5925), d'Arrouaise (*ibid.*, n° 6136).

2. Voir sur ce point Ive de Chartres, lettre 151, dans Migne, *Patrol. lat.*, t. CLXII, col. 155.

3. Jaffé-Wattenbach, *Regesta*, n° 6136.

4. *Ibid.*

5. *Ibid.*, n° 5869.

6. *Ibid.*, n° 5850.

7. *Ibid.*, n° 5925.

8. *Ibid.*, n° 5869

l'égard de l'évêque a pour contre-partie l'obligation de lui verser un cens [1].

Quant au roi, nous le voyons intervenir rarement dans les affaires des chanoines. Cependant une de leurs abbayes, Saint-Corneille de Compiègne [2], était abbaye royale, et pour celle-là, nous remarquons le fait assez singulier d'une exemption absolue de la juridiction de l'ordinaire accordée par charte royale [3]. L'union étroite qui devait résulter par suite de cet acte entre les chanoines de Saint-Corneille et le roi nous explique les interventions royales à propos de petits incidents, de petits conflits que Philippe résolvait au bénéfice de l'abbaye [4]. Vers 1106, il lui fait rendre six manses de terres usurpés par les officiers royaux. En cette même année 1106, avec son fils Louis, il lui donne raison contre Névelon [5], seigneur de Pierrefonds. De même, à Etampes, il fait des donations aux chanoines réguliers de Notre-Dame [6] ; enfin, il fait remplacer par des chanoines les moines de Poissy [7].

En somme, dans les rapports peu nombreux que nous avons à mentionner entre Philippe Ier et les chanoines réguliers, nous observons une bienveillance, une faveur marquée, qui s'explique tantôt par le désir de s'attacher plus étroitement les chanoines appartenant à des abbayes royales, tantôt par le désir de favoriser ces auxiliaires dévoués de l'épiscopat. Les faveurs qu'on leur accordait ne risquaient pas de se tourner contre le clergé français au profit du Saint-Siège.

On peut considérer comme types d'abbayes royales de chanoines celle de Saint-Corneille et celle d'Étampes. Leurs prérogatives sont les suivantes : les chanoines choisissent eux-mêmes dans leur sein les officiers de leur église, disposent des biens de cette église, sont exempts de la justice séculière, ne paient aucune redevance aux officiers royaux et sont seulement soumis au roi. L'abbé confère les prébendes vacantes, reçoit les offrandes

1. Jaffé-Wattenbach, *Regesta*, n° 6136.
2. M. Prou, *Recueil des actes de Philippe Ier, roi de France* (Collection des chartes et diplômes), n° cxvii (1085).
3. Voir, par exemple, en 1092, M. Prou, *Recueil des actes de Philippe Ier*, n°s cxxiv-cxxvi.
4. *Ibid.*, n° clxx.
5. *Ibid.*, n° clix.
6. *Ibid.*, n° cxlix (1101-1104).
7. *Ibid.*, n° cxxxix (1100).

en argent et remet aux chanoines le pain et les serviettes ; il ne peut enfin être contraint par les officiers royaux de donner caution à la juridiction sur les chanoines et chapelains [1].

Les évêques, de leur côté, favorisent ces abbayes de chanoines et leur font de larges concesssions. Comme le principal rôle des chanoines est de fournir des desservants aux cures paroissiales, c'est à ces derniers que s'adressent tout d'abord les faveurs épiscopales : les curés des paroisses de Saint-Corneille [2] sont exempts du droit de synode à Beauvais ; ceux qui desservent les paroisses dépendant des chanoines d'Étampes [3] sont exempts du droit de synode à Sens. Lorsque Manassès de Soissons donne l'autel du village de Louâtre à l'abbaye de Saint-Jean-des-Vignes, il le donne « franc de tout droit de personat », en possession libre et perpétuelle, c'est-à-dire qu'il abandonne, lui évêque, le droit de nommer à cet autel et qu'il renonce à réclamer à l'abbaye la *redemptio altarium* ou le cens annuel qui y correspond [4]. Hugue de Soissons donnant, en 1100, un autre autel, à la même abbaye, stipule que l'abbaye devra rester « libre de toute exaction » et, étendant les pouvoirs de l'abbé, déclare qu'il aura le droit d'exercer lui-même directement la justice [5].

Souvent aussi les évêques maintenaient leurs droits sur l'abbaye : ainsi, tout en accordant la dispense de synode aux curés de Saint-Corneille, l'évêque stipule qu'en reconnaissance de ce privilège, l'abbaye paiera un cens annuel au chapitre cathédral de Saint-Pierre [6]. Enguerrand, évêque de Laon, tout en donnant un autel à Saint-Barthélemy de Noyon, stipule, en 1104, le maintien du droit de synode [7]. Et Baudri, évêque de Noyon, en donnant à cette même église Saint-Barthélemy la cure et le personat de cinq autels, stipule que l'abbé devra payer chaque année un droit pour chacun d'eux [8].

---

1. Fleureau, *Antiquités d'Étampes*, p. 295.
2. *Cartul. de Saint-Corneille de Compiègne*, éd. Morel, n° 69.
3. Fleureau, *Antiquités d'Étampes*, p. 338.
4. Charte de l'an 1106, copiée à la Bibliothèque nationale, Collection Moreau, vol. 42, fol. 128, et Collection de Picardie, vol. 234, fol. 71.
5. Voir la charte dans le cartulaire original, Bibliothèque nationale, ms. lat. 11004, fol. 52.
6. *Cartulaire de Saint-Corneille de Compiègne*, éd. Morel, n° 69.
7. Copie d'après l'original, à la Bibliothèque nationale, Collection Moreau, vol. 41, fol. 184.
8. Copie à la Biblioth. nationale, Collection de Picardie, vol. 234, fol. 66.

B. MONOD. — *Pascal II et Philippe Ier*

Ainsi, les évêques, tout en favorisant le développement des abbayes de chanoines, tiennent à se réserver sur elles l'autorité et la juridiction suprême et forcent, par un cens [1] ou par un droit quelconque, l'abbé à donner de sa dépendance une preuve matérielle.

1. Voir la bulle de Pascal II pour l'abbaye d'Arrouaise (Jaffé-Wattenbach *Regesta*, n° 6136).

CHAPITRE DEUXIÈME

I

Rivalité générale entre moines et chanoines.

Les moines ne pouvaient voir sans inquiétude se développer cette organisation puissante et soumise directement à l'évêque. Entre eux et les chanoines réguliers, les conflits et les transactions devaient être et furent en fait très fréquents.

Les conflits auxquels nous assistons sont de deux sortes : tantôt des églises, des paroisses sont enlevées aux moines pour être remises aux chanoines, ou aux chanoines pour être remises aux moines ; tantôt des abbayes de moines sont transformées, pour cause de corruption, en abbayes de chanoines et réciproquement.

De nombreuses abbayes de chanoines avaient été autrefois des abbayes bénédictines, le contraire était vrai aussi : Saint-Martin-des-Champs eut des chanoines jusqu'en 1079, puis de nouveau des moines. A l'époque de Pascal II, nous avons un acte de Manassès de Cambrai confirmant, en 1103, la substitution que son prédécesseur Gaucher avait faite à Liessies en y mettant des moines à la place des chanoines qui y étaient depuis le viiie siècle [1]. Au contraire, à Poissy par ordre du roi, Ive de Chartres, en l'an 1100, fait expulser les moines pour les remplacer par des chanoines [2]. De même, Baudri, évêque de Tournai et de Noyon, écarte les nonnes de Notre-Dame de Bruges, dont il confirme la possession aux chanoines, comme l'avait déjà fait son prédécesseur Ratbode [3]. Par contre, le concile de Langres, en 1106, adjuge

---

1. Copie d'après le cartulaire de Liessies, Biblioth. nationale, Collection Moreau, vol. 41, fol. 142.

2. Luchaire, *Louis VI le Gros*, Annales, n° 10 ; Prou, *Recueil des actes de Philippe Ier*, n° cxxxix.

3. Miraeus, *Opera diplomatica*, publ. par Foppens, t. II, p. 955.

aux moines de Saint-Michel l'église de Sainte-Colombe qu'avaient usurpée les chanoines de Melun [1].

Les accords ne sont pas moins intéressants que les conflits. Ils sont d'ordinaire basés sur de mutuelles concessions de terres comme celui qui fut conclu, en l'an 1100, entre les chanoines de Saint-Jean-des-Vignes et les religieuses de Notre-Dame de Soissons [2], ou celui qui fut conclu, en 1107, entre les chanoines de Saint-Fursy de Péronne et les moines de l'abbaye du Mont-Saint-Quentin [3].

Souvent, c'est au jugement du souverain pontife que les conflits sont soumis. Ainsi, c'est Pascal qui, en 1108, se charge de régler le différend survenu entre les moines de Saint-Martin de Tournai et les chanoines de cette ville [4]. En 1106, il approuve l'accord passé par Jean de Thérouanne et Geoffroi d'Amiens entre les chanoines de Bruges et les moines de Corbie [5]. En 1107, il juge le conflit survenu à propos d'un canonicat entre les moines d'Aurillac et les chanoines de Montsalès [6]. Enfin, tout son pontificat fut occupé par la querelle qui divisait l'abbesse de Remiremont, Gisèle, et les chanoines de l'abbaye de Chaumoussey. Chaque année, il lance deux ou trois bulles pour régler le différend. L'âpreté de Gisèle dans ses revendications, son obstination à réclamer les terrains possédés par les chanoines fut finalement vaincue par Pascal II, qui donna raison contre elle à ces derniers [7].

II

La question de la « cura animarum ».

Le point principal sur lequel porta la lutte entre moines et chanoines réguliers fut celui de la *cura animarum*.

1. *Gallia christiana*, t. IV, instr., col 153.
2. Copie du xiii⁰ siècle dans le Cartulaire de Saint-Jean-des-Vignes, Biblioth. nat., ms. lat. 11004, fol. 32.
3. Copie à la Biblioth. nat., Coll. Moreau, vol. 42, fol. 212.
4. Jaffé-Wattenbach, n° 6189.
5. *Ibid.*, n° 6095.
6. *Ibid.*, n° 6159.
7. *Ibid.*, n°ˢ 5869, 6007, 6043, 6097, 6125, etc.

Il est un principe inviolable du droit canon, c'est que nul ne peut exercer la *cura animarum*, c'est-à-dire le ministère paroissial, s'il n'est prêtre. Or, tous les moines n'étaient pas prêtres, tant s'en faut. C'est même pour cela qu'ils s'attachaient un certain nombre de *vicarii*, tant pour desservir les paroisses qu'ils possédaient, que pour satisfaire aux besoins du culte dans l'église abbatiale.

Les chanoines réguliers, au contraire, étaient prêtres et n'avaient, par suite, aucune difficulté à remplir le ministère paroissial dans les églises voisines de leur collège ou de leur abbaye. C'étaient donc pour les moines de terribles rivaux : il était évident que l'évêque chercherait à développer leur nombre et leur influence, puisqu'ils lui restaient beaucoup plus soumis que les moines exempts. L'évêque n'avait pour cela qu'à user de ses prérogatives en enlevant à ces derniers l'autorisation de « nommer aux autels » ou « aux chapelles », en refusant à leurs vicaires l'investiture de la paroisse qu'ils devaient desservir, pour la confier aux chanoines.

Urbain II avait senti le danger ; aussi, dès le concile de Clermont, avait-il pris la défense des moines et avait-il, au concile de Nîmes, déclaré « que les moines pouvaient mieux encore que les prêtres séculiers s'acquitter du ministère paroissial » [1].

Pascal II réagit énergiquement contre cette mesure, peu canonique d'ailleurs. Le canon 11 du concile de Poitiers, de l'année 1100, interdit aux moines « d'exercer le ministère presbytéral » [2]. Pris dans un sens absolu, ce canon serait très grave ; car on sait que certains moines se faisaient conférer la prêtrise afin de pouvoir être curés. Le canon 10 sert de contrepartie ; ce que Pascal enlève aux moines, il l'accorde aux chanoines réguliers : « Qu'il soit permis », y est-il déclaré, « aux clercs réguliers, sur l'ordre de l'évêque, de baptiser, de prêcher, de faire faire pénitence et d'ensevelir les morts » [3].

Ce sont là, en quelques mots, toutes les principales fonctions

---

1. « Quod monachi sacerdotali ministerio rectius fungi possint quam presbyteri seculares » (Labbé, *Concilia*, t. XII, p. 935).

2. « Ut nullus monachorum parrochiale ministerium presbyteriorum presumat », (Mansi, *Concilia*, t. XX).

3. « Ut cleris regularibus, episcopi juussu, baptisare, penitentiam dare, mortuos sepeliri liceat » (*Ibid.*).

curiales, et l'incise : « sur l'ordre de l'évêque » indique bien la dépendance dans laquelle restent les chanoines par rapport aux diocésains. Ces deux canons étaient le meilleur appui que le pape pût donner aux chanoines et le meilleur gage de leur prospérité.

CONCLUSION

Une conclusion pourrait sembler, à la rigueur, inutile, puisqu'à la fin de chaque chapitre, nous avons été amenés à conclure des faits et des événements que nous y avions exposés quel avait été le rôle joué en France par le pape de 1099 à 1108. Nous voudrions seulement indiquer rapidement, en considérant le pontificat de Pascal et en jetant un coup d'œil sur l'histoire de la papauté aux xii⁰ et xiii⁰ siècles, dans quelle mesure l'œuvre de ce pape fut utile au Saint-Siège.

Nous avons successivement montré comment, par son attitude vis-à-vis du roi de France, Pascal II avait non seulement rétabli des rapports pacifiques entre le Saint-Siège et la monarchie capétienne (rapports compromis par la politique violente d'Urbain II), mais encore scellé avec Philippe I⁰ʳ une alliance qui lui permit de lutter avec plus d'autorité contre l'empereur, tout en travaillant au progrès des principes de la réforme en France ; comment, d'autre part, le roi, sans rien abandonner de ses prérogatives et de l'influence qu'il exerçait sur son clergé, avait cessé de s'opposer systématiquement aux tentatives de réformes faites par le Saint-Siège et, dans la dernière partie de son règne, avait été loin de suivre une politique hostile à l'Église.

Cette bonne harmonie, apparente ou réelle, entre Pascal II et Philippe I⁰ʳ permit à la papauté de porter en France tous ses efforts sur le terrain religieux et d'y faire ainsi progresser d'une manière sensible la cause de la réforme. Sans heurter le roi de front dans la question des élections épiscopales et de l'investiture, elle réussit à faire avec lui un compromis par lequel les droits politiques du souverain étaient sauvegardés, sans que rien cependant fût sacrifié des principes essentiels de la réforme.

Au lieu de chercher à affaiblir l'épiscopat au profit du mona-chisme, Pascal tâcha de l'épurer et de le faire concourir, comme auxiliaire du Saint-Siège, à son œuvre réformatrice. Tout en continuant à se servir du clergé régulier comme de principal appui dans cette œuvre et tout en continuant à consolider la puissance de Cluny, dont il était sorti, Pascal évita de favoriser le monachisme aux dépens des évêques ou des chanoines, comme l'avait fait Urbain II. Il ne chercha pas à se servir de ceux-ci contre ceux-là ; mais il remit les choses au point, voulant sau-vegarder les droits de chacun et permettre à chacun d'accomplir son œuvre en paix. Il donna aux abbayes les privilèges qu'il croyait utiles à leur développement, sans nuire pour cela au clergé séculier. Il favorisa également les autres ordres monas-tiques qui se constituaient en face de Cluny pour réaliser plus complètement l'idéal de vie religieuse que la grande abbaye avait trop souvent oublié. Enfin, comprenant l'importance qu'a-vait dans ce mouvement de réforme la régularisation des cha-noines, il coopéra avec l'épiscopat à leur développement, bien qu'ils fussent pour le monachisme un dangereux rival.

Grâce à cette politique de paix, à cette intervention purement religieuse dans les affaires du royaume de France, la papauté avait réussi, en somme, à faire aboutir la réforme, ou du moins à préparer son triomphe ; et cela, sans rien brusquer, sans heurter personne, en parvenant même à se concilier le roi de France et à trouver en lui un appui contre l'empereur.

Une fois cette paix établie, cette réforme adoptée et reconnue, cette union entre le Capétien et le Saint-Siège scellée, la papauté pourra reprendre son vol et continuer la grande politique de Grégoire VII et d'Urbain II.

La papauté alors avait eu à lutter à la fois contre les vices de l'Église et contre les prétentions des princes placés en face d'elle. Cette lutte, qui avait atteint son paroxysme sous Gré-goire VII, devait trouver sa conclusion sous Calixte II, à Worms. Vaincue en apparence, en réalité la papauté triom-phera. L'œuvre de réforme intérieure avait continué, nous ne dirons pas malgré la faiblesse, mais grâce à la politique conci-liatrice de Pascal II ; et le compromis de Worms sera une recon-naissance équitable des droits respectifs du pouvoir temporel et du pouvoir spirituel. La papauté deviendra alors assez puissante

pour se rendre indépendante de l'Empire, en s'appuyant sur le
parti guelfe en Italie; et, avec Innocent III, elle apparaîtra comme
la tutrice et la protectrice du pouvoir impérial. Le pape aura
des rois pour vassaux ; il excommuniera ceux qui n'obéissent pas
à ses ordres ; il organisera le gouvernement temporel du Saint-
Siège ; il fixera les principes du droit canon. Non seulement la
papauté triomphera alors en Allemagne, mais encore, tout en
continuant à trouver un appui dans les villes guelfes du nord de
l'Italie, elle créera dans l'Italie du sud la monarchie angevine,
qui semblera destinée à mettre une puissance militaire irrésis-
tible au service du Saint-Siège.

Ce résultat, comment Pascal l'eût-il obtenu, s'il avait continué à montrer à la France et à la monarchie capétienne cette
hostilité, cette opposition systématique dont ses prédécesseurs
lui avaient donné l'exemple ?

L'accord de Pascal et de Philippe et, plus tard, le concordat de Worms lui-même ne peuvent être considérés comme un
abandon des principes de la politique grégorienne. Si le pape
alors renonça à poursuivre en France la lutte sur le terrain politique où l'avaient engagée ses prédécesseurs, ce fut afin de mieux
réaliser l'œuvre de réforme religieuse que ceux-ci avaient entreprise et afin de pouvoir continuer la lutte politique contre l'empereur, qui refusait de céder. Et la preuve que ce ne fut là ni une
reculade, ni une politique de lâches concessions, nous la trouvons dans l'histoire même de la papauté, qui, après 1122, les
mains enfin libres, ne cessera, pendant tout le xiie siècle et jusqu'après Innocent III, de grandir, d'étendre sa suprématie aux
dépens de l'empire, de faire triompher, en somme, les principes
mêmes de la théocratie.

C'est un assez grand titre de gloire, nous semble-t-il, pour Pascal II, que d'avoir compris la difficulté de la situation que lui
laissait Urbain II et d'avoir tenté, avec succès, de la résoudre
pacifiquement. Il eut le courage de se contenter d'un rôle modeste,
mais utile, de rétablir l'harmonie là où la politique violente de
ses illustres prédécesseurs avait mis le trouble, afin de permettre à ses successeurs de reprendre leur œuvre et aux principes de réforme religieuse de triompher quand même. Il fallait
être plus fin politique pour arriver au concile de Troyes et
obtenir un pacte d'amitié avec ce roi qu'avait persécuté Urbain II,

que pour prétendre écraser la France et le clergé gallican en fulminant contre lui excommunications sur excommunications.

C'est à cette finesse politique, à cette vision juste des nécessités présentes, à cette intelligence des situations que revient l'honneur d'avoir su concilier le parti gallican-royaliste, le parti ultramontain-réformiste, le roi, le monachisme et l'épiscopat, dans un but commun de réforme et de progrès et dans une action commune d'opposition à l'Empire.

TABLE ALPHABÉTIQUE

M

MACON (Saône-et-Loire). — Évêque : Bérard.

MANASSÈS, évêque de Cambrai. — Confirme la réforme de l'abbaye de Liessies (1103), 131.

MANASSÈS, évêque de Meaux. — Son élection (1103), 82. — Sa consécration (1103), 68. — Assiste à l'absolution de Philippe Ier (concile de Paris, 2 décembre 1104), 42.

MANASSÈS DE CHATILLON, archevêque de Reims, 10, 46, n. 4 ; 68. — Déposé par Grégoire VII (1080), XXIII. — Accusé par Baudri de Bourgueil d'avoir couronné Philippe Ier, 6. — Son attitude dans l'élection épiscopale de Beauvais, 6, 28-31, 33. — Siège au concile de Troyes (avril 1104), 40. — Consacre à Reims Geoffroi, évêque d'Amiens (1104), 81. — Donation à Cluny, 116. — Sa mort (1106), 83.

MANASSÈS, évêque de Soissons. — Son élection (1104), 82. — Siège au concile de Troyes (avril 1104), 40. — Donation à Saint-Jean-des-Vignes (1106), 129. — Donation à Nogent-sous-Coucy (1107), 116.

MANS (Le) (Sarthe). — Évêque : Hildebert de Lavardin.

MARBEUF, évêque de Rennes. — Son rôle au concile de Poitiers (novembre 1100), 15, 19. — Siège au concile de Troyes (avril 1104), 40.

MARMOUTIER, monastère, comm. Sainte-Radegonde, cant. et arr. de Tours (Indre-et-Loire), 106, 107, 113, 117. — Donation de *Gervinus*, évêque d'Amiens, à Marmoutier, 116. — Ce prélat s'y retire (1102), 81. — Conflits avec Geoffroi, évêque d'Angers, réglé par Pascal II (20 novembre 1100), 26, 65 ; — avec l'évêque du Mans, réglé au concile de Poitiers (1106), 46,

n. 8 ; 67 ; — avec l'archevêque de Tours, 67, 108, 112. — Passage de Pascal II à Marmoutier (2 avril 1107), 52. — Abbés : Bernard, Guillaume, Hilgot.

MAURIAC (Cantal). — Doyen de l'église : Joubert.

MAZILLE, cant. Cluny, arr. Mâcon (Saône-et-Loire). — Synode (1103), 16.

MEAUX (Seine-et-Marne). — Élection de Manassès à l'évêché de Meaux (1103), 82. — Évêques : Gautier de Chambly, Manassès.

MELUN (Seine-et-Marne). — Conflit entre les chanoines de Melun et l'abbaye de Saint-Michel, réglé en 1106, 132. — Mort de Philippe Ier à Melun (29 juillet 118), 16.

METZ (Alsace-Lorraine). — Église : Saint-Étienne. — Évêque : Chrodegand.

MILON, moine de Saint-Aubin d'Angers, évêque de Préneste, légat apostolique. — Chargé de rétablir la paix dans l'église d'Autun (1103), 16, 32, 67.

MOLESME, monastère, cant. Laignes, arr. Châtillon (Côte-d'Or). — Sa fondation (1075), 98, 99, 123. — Charte de Hugue, comte de Troyes, en sa faveur, 40, n. 3. — Abbé : Robert.

MONTIER-EN-DER, arr. Vassy (Haute-Marne). — L'abbé est exempté par Pascal II d'assister aux processions diocéaines (11 avril 1100), 26, 65.

MONTIERNEUF, monastère, à Poitiers (Vienne). — Intervention de Pascal II en sa faveur (8 décembre 1102), 27, 65.

MONTMAJOUR, monastère, cant. et arr. d'Arles (Bouches-du-Rhône), 117.

MONT-SAINT-ELOY, monastère, cant. Vimy, arr. Arras (Pas-de-Calais). — Est transformé en abbaye de chanoines (1066), 123, 125. — Abbé : Jean.

MONT-SAINT-QUENTIN, monastère, comm. Allaines, cant. et arr. de Péronne (Somme). — Accords avec Baudri, évêque de Noyon (1102), 115, 116 ; — avec Saint-Fursy de Péronne (1107), 132.

MONTSALÈS, cant. Villeneuve, arr. de Villefranche-de-Rouergue (Aveyron). — Conflit entre les chanoines de Montsalès et les moines d'Aurillac, 132.

MORIGNY, monastère, cant. et arr. Étampes (Seine-et-Oise), 70.

MORVAN, évêque de Vannes. — Assiste au concile de Poitiers (novembre 1100), 19.

N

NANTES (Loire-Inférieure). — Différend entre l'église de Nantes et l'abbaye de Tournus, 46, n. 8. — Monastère : Saint-Médard. — Évêque : Benoît.

NARBONNE (Aude), 64. — Grégoire VII y nomme directement un évêque (1080), XXIII.

NEUFMOUTIER, abbaye près d'Huy, prov. de Liège (Belgique). — Abbé : Robert.

NÉVELON, seigneur de Pierrefonds. — Conflit avec Saint-Corneille de Compiègne, réglé en 1106, 128.

NEVERS (Nièvre). — Comte : Guillaume. — Évêque : Hervé.

NÎMES (Gard). — Concile (1096), 1, 133.

NOGENT-SOUS-COUCY, monastère, cant. Coucy, arr. de Laon (Aisne). — Donations faites à ce monastère par Baudri, évêque de Noyon, 115 ; — Hugue et Manassès, évêques de Soissons, 116. — Abbés : Geoffroi, Guibert.

NORGAUD, évêque d'Autun, 16, 28, 68, n. 5 ; 70, n. 1. — Est confirmé dans son titre par Pascal II (1100), 66. — L'accusation de simonie portée contre lui et ses démêlés avec Hugue de Flavigny sont soumis au concile de Valence (30 septembre 1100), 6, 12-14, 16, 106. — Est condamné au concile de Poitiers (novembre 1100), 14-15, 20, 66, 67. — Absous et rétabli dans son autorité, 15-16, 23, 35. — Sa lutte avec Cluny et Vézelai, 16, 67, 32, 65, n. 6 ; 67, 100, n. 2 ; 113. — Donation à Cluny (1105), 116.

NORMANDS, 46.

NOTRE-DAME DE BRUGES, monastère. — Réformé par Ratbode, évêque de Tournai et Noyon, 131.

NOTRE-DAME d'Étampes, abbaye d'Augustins, 129. — Donations de Philippe Ier, 128.

NOTRE-DAME DE HAM, abbaye d'Augustins. — Son institution, 123, 126.

NOTRE-DAME DE PARIS, église. — Funérailles de Philippe Ier à Notre-Dame (1108), 61.

NOTRE-DAME DE SOISSONS, monastère de femmes. — Accords avec Saint-Jean-des-Vignes (1100), 132.

NOTRE-DAME DE TOULOUSE, église, 112, n. 8.

NOYON, arr. de Compiègne (Oise). — Monastère : Saint-Barthélemi. — Évêques : Baudri, Ratbode.

O

ORLÉANS (Loiret). — Églises : Saint-Aignan, Saint-Samson, Sainte-Croix. — Évêques : Jean, Sanche.

OURSON, évêque de Senlis. — Accusé d'avoir marié Philippe Ier et Bertrade, 5, 72.

P

PAÏEN, chanoine de Chartres. — Ses démêlés avec Ive de Chartres à propos du droit d'autel de Bazoches, 68, 70-71, 72, 79.

PALESTINE. — Mission de Hugue de Lyon en Palestine (1101-1103), 10-

ERRATUM

P. 16, l. 16, au lieu de *Masille*, lire *Mazille*.

P. 17, l. 20, au lieu de *Saint-Pierre*, lire *Saint-Georges*.

P. 19, n. 3, et p. 21, n. 1, au lieu de *Saint-Oriens*, lire *Saint-Orens*.

P. 40, l. 14, au lieu de *Chalon*, lire *Châlons*.

P. 55, l. 21, au lieu de *1106*, lire *1107*.

P. 58, l. 4, au lieu de *Leurcy*, lire *Lurcy*.

P. 58, l. 5, au lieu de *Privat*, lire *Privas*.

P. 65, n. 6, et p. 100, n. 2, substituer au renvoi indiqué pour l'interdit lancé par Hugue de Lyon contre Savigny le renvoi suivant : « Jaffé-Wattenbach, *Regesta*, n° 6444 a. »

P. 84, l. 21, au lieu de, *1106*, lire *1107*.

P. 112, l. 9, au lieu de *l'évêque de Paris*, lire *l'archevêque de Tours*.

P. 125, l. 23, au lieu de *Lescure*, lire *Lescar*.

TABLE DES MATIÈRES

LIVRE PREMIER
PASCAL II ET PHILIPPE Ier

LIVRE II

L'ORGANISATION DE L'ÉGLISE DE FRANCE
ET SES RELATIONS AVEC PASCAL II ET PHILIPPE Ier

PREMIÈRE PARTIE
LE CLERGÉ SÉCULIER

DEUXIÈME PARTIE
LE CLERGÉ RÉGULIER

TROISIÈME PARTIE
LES CHANOINES RÉGULIERS

MACON, PROTAT FRÈRES, IMPRIMEURS.

www.ingramcontent.com/pod-product-compliance
Ingram Content Group UK Ltd.
Pitfield, Milton Keynes, MK11 3LW, UK
UKHW020158130726
13696UKWH00002B/590